Jens Ewers

AF157506

Für Dich

und den Rest der Welt

Für Dich

und den Rest der Welt

Dieses Buch ist für Dich, denn Du bist der Grund für meine Gedanken und Gefühle. Lange Zeit habe ich gedacht, Du willst von meinen Gedanken und Gefühlen gar nichts wissen. Trotzdem aber wollten meine Gedanken gedacht und meine Gefühle gefühlt werden. Deshalb habe ich angefangen, sie aufzuschreiben. Nichts davon sollte sich Dir aufdrängen und doch wollte ich Dir meine Gedanken und Gefühle schenken, damit Du erkennst, wie wundervoll Du bist. So fing ich an, meine Texte öffentlich zu teilen.

Dieses Buch ist für den Rest der Welt, weil mir das Feedback auf meine Texte gezeigt hat, dass (auch) andere sie gerne lesen. Und so waren Ann-Katrin und Pascal nicht die einzigen, die gefragt haben: „Warum machst Du nicht ein Buch daraus?" Außerdem (an dieser Stelle noch Danke an Tobias) ist ein Buch auch sehr schön dafür geeignet, diese Texte noch einmal der Person zu schenken, für die sie gedacht sind:

Für Dich

Jens Ewers

Für Dich

und den Rest der Welt

Bibliografische Information der Deutschen Nationalbibliothek: Die Deutsche Nationalbibliothek verzeichnet diese Publikation in der Deutschen Nationalbibliografie; detaillierte bibliografische Daten sind im Internet über dnb.dnb.de abrufbar.

© 2019 Jens Ewers

Herstellung und Verlag:
BoD – Books on Demand, Norderstedt

ISBN: 978-3-7412-9627-7

Inhalt

Was ich Dir sagen will 8
Was ich Dir sagen will 10
Das wertvolle Privileg 13
@Julia 14
Bankgeschäfte 16
Gemeinsam Wippen 18
Ein Abend im Moorbad...19
Vom Warten auf die Liebe 20
Sternschnuppennacht...22
Zur richtigen Zeit an den richtigen Orten 24
Für Insa 26
Über Beziehungen 27
Von Gedanken und Fragen nach der Zukunft, nach dem Sinn und nach der Geschwindigkeit.... 30
Er...32
Lottogewinn..34
Ich weiß nicht, ob ich der Richtige bin..................................35
Nostalgie 38
Gedanken zum 1. Advent 40
Die Zeit des Wartens - Gedanken zum 4. Advent...............42
Annahme verweigert 44
Mein Bild von Dir 47
Vom reich sein 49

Was ich Dir wünsche fürs neue Jahr	50
Ein wirklich schöner Tag	52
Gedankenkarussell	54
Something better than perfection	58
Rätsel	59
Riesenrad	60
Was wirklich schön ist	64
Ich geb Dir alle meine Wörter	66
Viel zu lang	69
Hurry up, we're dreaming	70
Die Froschkönigin	72
Just The Way You Are	74
Kein Ort auf der Welt, wo ich jetzt lieber wär	76
Warum bist Du hier?	77
Labyrinth zum Glück	80
Plan für morgen	82
Ich habe Heimweh - obwohl ich noch nie zu Hause war.	84
Ich habe gewählt	85
San Francisco	88
Wann ist die Zeit reif?	90
Auf Deiner Bühne	91
Der Rheinfall	94
Ich will	95
Für Merlin, den schusseligen Zauberer	96
Mein	102
Zuhause	103

II

Du bist auf jeden Fall ein Schatz	106
Zweite Wahl	108
Mein Echo zum Echo	110
Um fünf am Eck	113
Der Unterschied zwischen Liebe und Liebe	114
Ich weiß jetzt, wo mein Platz ist	117
Einer liebt immer mehr	120
An den Tag	122
Warum fällt mir das so schwer?	124
An den Tag (2)	126
Zweifellos mankolos	127
Dancing Without Matt	135
Ohne Limit	138
Aus der Reihe "Besuche der Woche", heute: Donnerstag.	139
Hier und Jetzt	140
Mit Dir	142

Was ich Dir sagen will

Ich weiß nicht Deinen Namen
und auch nicht, wie Du mal heißt,
weiß nicht, wann Du das Licht der Welt erblickst,
doch ich möchte, dass Du weißt:

Hier sind ganz viele Menschen,
die warten schon auf Dich,
sie stricken oder kaufen Geschenke
oder schreiben Gedichte, so wie ich.

Manche machen sich und andere
verrückt vor Sorgen,
manche möchten Dir gerne
ihre Sachen borgen.

Manche möchten ein Stück Deines Wegs
gern mit Dir gehen,
und wir alle freuen uns riesig,
Dich bald mal zu sehen.

Ich weiß nicht Deinen Namen
und auch nicht, wie Du mal heißt,
weiß nicht, wann Du das Licht der Welt erblickst,
doch ich möchte, dass Du weißt:

Ich werde wohl nicht
Dein Patenonkel sein,
doch eins kannst Du mir glauben:
Du bist hier NIE allein.

Es gibt immer Menschen,
die gern bei Dir sind,
manchmal um Dich herum,
manchmal verstreut wie der Wind.

Jeder Tag auf dieser Welt ist ein Geschenk,
nur manchmal ist er schlecht verpackt.
Lass Dich nicht irritieren vom glitzernden Geschenkpapier,
sondern schau nach, was er Dir wirklich zu bieten hat.

Ich weiß nicht Deinen Namen
und auch nicht, wie Du mal heißt,
weiß nicht, wann Du das Licht der Welt erblickst,
doch ich möchte, dass Du weißt:

Hier ist immer jemand,
der Dir Trost, Zuflucht und Zuspruch gibt.
Hier ist immer jemand,
der Dich, wie Du bist, liebt.

Deine Eltern werden Dir Wurzeln in die eine
und Flügel in die andere Hand geben.
Und wenn sie das nicht tun,
dann können sie von mir was erleben!

Zwei Dinge noch zum Schluss,
denn sie sind wahr:
„Man sieht nur mit dem Herzen gut,
das Wesentliche ist für die Augen unsichtbar."

Das war das Geheimnis vom Fuchs,
nun verrate ich Dir meins:
Hör nie auf, an Wunder zu glauben,
denn Du bist selber eins!

Was ich Dir sagen will

Meine Ohren wollen Dich hören,
meine Augen wollen Dich sehen.
Mein Herz will Deins berühren
und mein Verstand will Dich verstehen.

Meine Nase will Dich riechen,
meine Finger wollen Dich fühlen.
Meine Stimme will singen für Dich,
meine Hände wollen Gitarre für Dich spielen.

Mein Lächeln will von Dir geweckt werden,
zum Beispiel, wenn Du etwas Lustiges sagst.
Meine Stirn will von Dir geküsst werden
und mein Befinden wünscht sich, dass Du nach ihm fragst.

Meine Ohren wollen Dich hören,
meine Augen wollen Dich sehen.
Mein Herz will Deins berühren
und mein Verstand will Dich verstehen.

Meine Hand will Deine halten,
meine Füße wollen zu Dir marschieren.
Ich möchte mit Deinen Worten jonglieren
und Dich mit Küssen bombardieren.

Meine Empathie will sich mit Dir freuen, wenn Du lachst,
zum Beispiel, wenn Du Fotos machst.
Ich will mich mit Dir im Schlafsack verschanzen
und meine Zunge würde gern mal mit Deiner tanzen.

Meine Ohren wollen Dich hören,
meine Augen wollen Dich sehen.
Mein Herz will Deins berühren
und mein Verstand will Dich verstehen.

Ich mag Deine Gedanken und wünsche mir,
dass sie sich einmal um mich drehen
und keiner von ihnen ist zu viel,
denn jeder einzelne ist schön!

Und wenn Du einen Deiner Gedanken nicht schön findest,
dann zeig ihn doch mir und ich werde ihn für Dich drehen.
Solange, bis Du die Schokoladenseite entdeckst,
solange, bis wir beide das Gute darin sehen.

Und wenn Du Deine Gedanken zu viel findest,
wenn sie Dir den Schlaf rauben, dann gib sie doch mir!
Ich pass auf sie auf, solange Du schläfst
und, das kannst Du mir glauben: Ich hätte sie gerne bei mir!

Meine Ohren wollen Dich hören,
meine Augen wollen Dich sehen.
Mein Herz will Deins berühren
und mein Verstand will Dich verstehen.

Meine Worte wollen Dich aufrufen, wenn Du dasitzt
und wartest und starrst auf die Wände.
Ich will, dass nicht nur Deine Worte mich berühren,
sondern auch Deine Hände.

Ich will alles von Dir wissen
und vor allem will ich Dich küssen.

Meine Liebe möchte Dich befreien.
Meine Stimme möchte reden und singen, zur Not auch schreien,
damit Du erkennst, dass Du einen Sinn ergibst,
denn der größte Glückspilz ist der, den Du liebst.

Meine Ohren wollen Dich hören,
meine Augen wollen Dich sehen.
Mein Herz will Deins berühren
und mein Verstand will Dich verstehen.

Das alles spielt eigentlich gar keine Rolle,
denn die Frage muss lauten: Wo Du wolle?

Das alles sind meine Gedanken, Wünsche und Träume,
die will ich nicht in Dich hineinprojizieren.
Die Frage ist: Was macht DICH glücklich.
Wenn ich mutig bin, werde ich versuchen, das auszuprobieren.

Meine Ohren wollen Dich hören,
meine Augen wollen Dich sehen.
Mein Herz will Deins berühren
und mein Verstand will Dich verstehen.

Und da ist diese Stimme die sagt,
ich soll mich mit leichter zukriegendem begnügen.
Mir den Spatz in der Hand schönreden
und mich mit ihm vergnügen.

Die sagt, ich soll aufhören, Luftschlösser zu bauen.
Doch, kann ich der Stimme denn wirklich trauen?

Finden die Worte den Weg wohl zu Dir?
Es gibt einen Menschen, der fast daran glaubt
und doch nagt dieser Zweifel ständig an mir:
Hörst Du mich überhaupt?

Doch meine Ohren und Augen, mein Herz und Verstand,
alle sagen: Es gibt Dich!
Vielleicht bist Du ja die Möwe, auf die ich warte,
oder der Sittich, die Meerjungfrau,
vielleicht bist Du dieser Mensch für mich?

Das wertvolle Privileg

Das Sprichwort sagt, dass man manchmal erst merkt, wie wertvoll etwas war, wenn man es verloren hat. Ich stelle gerade fest, dass man auch merken kann, wie wertvoll etwas ist, noch bevor man es überhaupt hat.

Memo an mich: Solltest Du jemals in den Genuss dieses wunderbaren Privilegs kommen, dann vergiss NIE wie wertvoll es ist! Denk jeden Tag daran, wieviel Du heute dafür gegeben hättest!!!

@Julia

Der Wecker klingelt, ich bin hellwach
und ich hänge sofort meinen Gedanken nach.

Jeden Tag nutz' ich dann die Gelegenheit
und nehme mir noch fünf Minuten Zeit.

Diese Zeit tut mir gut und ist wichtig für mich
denn in dieser Zeit, da denk ich an Dich!

Ich wünsche mir dann, Du würdest neben mir liegen
und Deinen Kopf sanft an meine Schulter schmiegen

und bevor dann die Hektik des Tages beginnt
5 Minuten die wir zusammen alleine sind.

"Woran denkst Du?", hör' ich Dich vielleicht fragen
und dann werd ich Dir meine Gedanken sagen:

"Ich bin froh, dass ich Dich gefunden habe.
Ich genieß mit Dir jeden Millimoment.
Du hast diese einzigartige Gabe,
Gefühle in mir zu wecken, die niemand sonst kennt.

Gestern zum Beispiel, ich weiß, das war nicht für mich
und doch hat es mich zum Weinen gebracht.
Hab das Gefühl mein Herz schlägt nur noch für Dich,
weil es in Deiner Nähe tanzt und lacht.

Ich mag Deine Augen und ich mag Dein Lachen,
in 50 Jahren mag ich Deine Falten.
Ich mag an Dir noch tausend andere Sachen
und ich liebe es, Deine Hand zu halten.

Das schönste jedoch sind Deine Gedanken,
ohne die, da wärst Du einfach nicht Du.
Jetzt komm her, noch etwas Geborgenheit tanken
und heut Abend seh ich Dir wieder beim Schlafen zu.

Ich denk an Dich fast ohne Pause
und ich will, dass Du das weißt!
Vielleicht bin ich ja Dein Zuhause
und Du warst vorher nur verreist...?!!

Wenn Du noch Zeit brauchst werd ich warten,
ich laufe Dir schon nicht davon.
Doch wenn Du Lust hast, durchzustarten,
dann sag mir Julia: Wo ist Dein Balkon??

Liebste Julia, ich geb Dir mein Wort:
Ich bin Dein!
Und egal welche Zeit und egal welcher Ort,
ich möchte immer Dein Romeo sein!"

Nach nochmal fünf Minuten kommt dann der Moment
wo ich - jetzt aber wirklich! - aufstehen muss
und der Alltag beginnt, wie ihn jeder von uns kennt.

Soundtrack zum Text: Kelly Clarkson - Heartbeat Song

Bankgeschäfte

Gestrige Aufgabe: Bankgeschäfte erledigen. Auch wenn ich heute feststellen musste, dass es nicht die richtige Bank war, hat sich die Suche gelohnt.

"Der Flash ist ausgeschaltet, der Akku ist zu schwach", sagte mein Handy. Meinen eigenen Akku konnte ich aber aufladen. Und einen Grünflash kann man dort kriegen, auch wenn man nicht weiß, dass es so ein Wort gibt. (Und wenn Du mir dort gezeigt hättest, wie Du Deinen Finger von der linken zur rechten Hand zauberst, hätte ich mit Sicherheit einen Lachflash bekommen.)

Überraschend hatt ich gestern noch etwas Zeit (Danke an Kerstin) und so nutzte ich gleich die Gelegenheit.

Ging an den Schaustellerbuden vorbei,
sehr schön ist es hier und der Eintritt ist frei.

Vorbei an den Kindern im Bollerwagen,
dorthin wo manche der Bänke Namen tragen.

Ich suchte keine Bank zum Geld abheben,
sondern eine zum "Im-siebten-Himmel-schweben".

Und so fragte ich mich: "Ist es die?
Wo die beiden sich setzten? Der Banker und sie?"

Ich setzte mich, hörte Musik und ich las
und während ich da so mein Wurstbrot aß

ruft der Mann auf dem Fahrrad, der mich dort sah:
"Sie sind ja ein Genießer!" – Oh ja!

Mein Blick richtet sich in den Wipfel der Bäume,
die Fantasie macht sich breit und ich träume...

Unmöglich, jetzt nicht an Dich zu denken -
allein den Versuch, den kann ich mir schenken.

Warum nicht jetzt gleich einfach zu Dir gehen?
Dir offen und ehrlich meine Liebe gestehen?

Die Antwort ist leicht: Davon willst Du noch nichts wissen
und nur in meinen Träumen würden wir uns dann küssen.

Und so ließ ich Dich gestern lieber in Ruh'
und wusste doch ganz genau: Was mir fehlt - das bist Du!

Gemeinsam Wippen

Ich weiß, dass längst schon alles gut ist,
doch mit Dir wär alles besser!
Denn damit man wirklich gut isst
gehört zur Gabel auch ein Messer.
Bis wir Hunger kriegen zusammen zu liegen -
das ist doch der Zweck vom Besteck.

Ich denke an Dich, sitz auf der Wippe - allein.
Schöner als im Lotto sechs Richtge zu tippen
wäre es jetzt schon mit Dir verbunden zu sein,
den Tag zu genießen, gemeinsam zu wippen.
Sich zu verbinden, gemeinsam Antworten finden -
Ist das nicht der Sinn, tief in uns drin?

Egal ob den Berg hinauf oder am Strand,
am Kanal entlang zum Sternenversteck -
Willst Du mit mir gehen? Hand in Hand?
Vielleicht ist das Ziel ja einfach der Weg.
Ihn gemeinsam zu gehen, Dich zu verstehen
Vielleicht ist das die Gabe die ich habe?

Soundtrack zum Text: Unheilig - Mein Berg

Ein Abend im Moorbad

Der Donnerstag war sehr sehr schön!

Außentemperatur: 30 Grad
Wassertemperatur: 22 Grad

Fahrt nach Oberstdorf: 0 Euro

Abendeintritt ins Moorbad: 1,80 Euro

Neue Badehose, weil man dusseligerweise die
mitgebrachte in die falsche Tasche packt: 19,95 Euro

Der Ausblick auf die Berge beim Schwimmen
mit Kuhglockengebimmel im Hintergrund: unbezahlbar

Mir nicht zu wünschen, sie würde jetzt neben mir
schwimmen, um diesen Moment mit ihr zu teilen: unmöglich

Vom Warten auf die Liebe

Ist es naiv, wenn man an Etwas glaubt, das sehr sehr selten ist? Ich finde nicht. Im Gegenteil, ich finde das sehr bewundernswert. Und liebenswert. Wenn man sich etwas wirklich wünscht und wenn man ganz fest daran glaubt, dass es in Erfüllung geht, dann passiert das auch! Das hat schon Til Schweiger gesagt... Und je seltener etwas ist, umso wertvoller ist es ja auch.

Was ich mir wünsche? Nun, es gibt einen Begriff dafür. Allerdings wird dieser Begriff so inflationär verwendet, dass er für das, was ich mir wünsche, fast zu bedeutungsschwach ist. Was ich mir wünsche ist in der Form, wie ich es mir wünsche, wahrscheinlich noch seltener, als Ohren mit denen man fliegen kann: Liebe.

Ganz viele Beziehungen sehe ich, die mir zeigen, was ich mir NICHT wünsche. Beziehungen, in denen einer liebt und einer einfach nur die erstbeste Gelegenheit genutzt hat. Beziehungen, in denen keiner liebt, die einfach nur Zweckbündnisse sind. Beziehungen, in denen man sich nicht aufeinander bezieht.

Eine Referenz-Beziehung, die in etwa so ist, wie ich es mir wünsche? Fehlanzeige. Doch, halt, Moment, eine vielleicht: Die von Annette und Edgar. Es muss so verdammt schwer für sie gewesen sein, damals, vor sieben Jahren. Wahrscheinlich ist es das sogar heute noch. Und doch ist es so schön zu sehen, dass er, der Realität zum Trotz, in unseren Herzen weiterlebt. Wenn ich jetzt und hier eine Referenz-Beziehung wählen müsste, ja, ich glaub dann wäre es die.

Ist es verrückt, auf sie zu warten? Vielleicht ist es das. Allerdings: Zehn Jahre habe ich gewartet, bis ich mit der Schulzeit fertig war. Drei Jahre habe ich gewartet, bis ich meine Berufsausbildung abgeschlossen habe. Fast ein Jahr habe ich gewartet, bis ich die 58 Pflichtfahrstunden für meinen Busführerschein absolviert habe.

Über ein Jahr warte ich jetzt schon auf sie, und das soll verrückt sein? Vielleicht ist es das. Aber viel verrückter wäre es, NICHT auf sie zu warten.

Nichts ist für immer. Ich weiß das, und doch wünsche ich mir, dass diese Gefühle, die ich für sie habe, für immer bleiben. Wie kann es sein, dass diese Gefühle nach über einem Jahr immer noch da sind, obwohl sie noch nicht erwidert werden? Und wie könnte es sein, dass diese Gefühle in 50 Jahren noch da sind, obwohl sich doch alles verändert?

Im Grunde ist die Antwort einfach: Bei genauer Betrachtung stimmt es ja gar nicht, dass meine Gefühle für sie gleichgeblieben sind. Meine Gefühle HABEN sich verändert, in dem Jahr: Sie sind stärker und intensiver geworden. Meine Gedanken haben sich verändert, jeden Tag. Und doch drehen sie sich immer noch mehrmals am Tag um sie.

Ich wünsche mir, dass dieser Wechsel zwischen Auf-sie-warten und In-ihrer-Nähe sein, für immer bleibt. Und doch wünsche ich mir Veränderung: Die Zeiten des Auf-sie-warten dürfen gerne kürzer werden, die Zeiten des In-ihrer-Nähe-sein gern viel länger und viel intensiver. Wenn sie nicht schlafen kann, will ich mit ihr wach sein. Und wenn sie nicht wach sein kann, will ich mit ihr.... Aber das führt jetzt zu weit.

Jedenfalls will ich nicht aufhören, an sie zu denken. Und ich wünsche mir wirklich, dass ich eines Tages ihre Hand halten werde. Und ich glaube fest daran, dass es in Erfüllung geht, weil ich es nämlich echt mag, daran zu glauben.

Mein Soundtrack zum Text: Silbermond - Irgendwas bleibt
Kind gebliebene hören: Rolf Zuckowski - Dein kleines Leben

Sternschnuppennacht

Ich hab sie verschlafen.... Die Sternschnuppennacht diese Woche, ich habe sie verschlafen, im wahrsten Sinne des Wortes. Kurz ne Stunde aufs Sofa, dann eine Flasche Wein schnappen und zu Fuß an einen Ort, wo man gut in den Himmel sehen kann - so war der Plan. Wach wurde ich dann nachts um vier, wechselte vom Sofa aufs Bett und schlief weiter. Insgesamt sechszehn Stunden lang. Manchmal holt sich mein Körper zurück, was er braucht und ich ihm nicht immer gönne, und das wiederum sei ihm gegönnt.

Was ich mir gewünscht hätte, fragst Du? Hmmmmm, darf man das verraten, wenn man es sich ja letzten Endes gar nicht wünschen konnte? Also zumindest nicht mit Sternschnuppe, gewünscht habe ich es mir ja trotzdem... ;) Ich weiß ja nicht, wie viele Sternschnuppen es geworden wären, aber eins weiß ich: Jeder einzelne Wunsch hätte sich um sie gedreht. Einen Kuss zum Beispiel. Einen Kuss, der alles verändert, einen Kuss, der alle nie dagewesenen Grenzen wegsprengt, einen Kuss, der alles Festgesetzte ganz leicht verschiebt und das fast Unmögliche möglich macht.

Faszinierend irgendwie, dass man sich bei Sternschnuppen etwas wünschen darf. Denn genau betrachtet, ist eine Sternschnuppe ja das Ende, von dem was man sieht: Sie verglüht. Der Stern, der Meteor, das Gestein: Es tritt in die Erdumlaufbahn ein und verglüht, danach ist es weg. Und doch, in dem Moment, wo wir es sehen, ist es ein wunderschöner Neubeginn: Wir wünschen uns etwas, und allein schon dadurch, dass wir es uns wünschen, ist die Idee geboren. Etwas Neues ist entstanden, wenn auch zunächst nur in Gedanken. Aber aus manchen Gedanken werden Worte, Worte sind Sprache, und Sprache wiederum schafft Wirklichkeit. Immer, wenn irgendwo ein Stern verglüht, beginnt auch etwas wunderschönes Neues: Das wäre dann mein zweiter Wunsch, ihr das so sagen zu können, dass sie es fühlt, glaubt und lebt.

Nochmal zurück zu dem Kuss: Ich habe das neulich gefragt, im Gebet: Wann werden wir uns küssen? Mit 'wir' meinte ich natürlich nicht Gott, sondern die wundervollste, fantastischte Frau der Welt und mich. Aber Gott versteht mich schon. Umso überraschender war die Antwort: 13 Uhr 12. Damit hatte ich nicht gerechnet. Gut, vielleicht kam die Antwort auch einfach aus meinem Unterbewusstsein. Oder Gott hatte meine ewige Fragerei satt und antwortete à la "Halbe Stunde!" Oder er schlägt mich mit meinen eigenen Waffen, denn diese Antwort hätte auch von mir stammen können. 13 Uhr 12, pah! Er wusste doch genau, wie das gemeint war!! Und trotzdem, selbst schuld, wenn man die Fragen nicht präzise genug formuliert. Spätestens seit '42' weiß doch jeder, dass die genaue Fragestellung manchmal das Wichtigste ist... Trotzdem musste ich dann zunächst schmunzeln und dann Lächeln und war dann überglücklich: Denn "13 Uhr 12" bedeutet ja, DASS wir uns eines Tages küssen werden. Und ich weiß zwar nicht den Tag oder Monat oder das Jahr, aber eigentlich spielt das auch nicht die größte Rolle.

"Wenn die Menschen könnten, würden sie selbst Regenbögen in Zoos einsperren" hat Hobbes mal zu Calvin gesagt, der daraufhin seinen gefangenen Schmetterling wieder freiließ. Vielleicht ist das mit dem Loslassen ja auch so gemeint: Einzusehen, dass Du Liebe nicht erzwingen, konservieren oder gefangen nehmen kannst, weil sie nur in Freiheit wachsen kann. Loslassen bedeutet ja nicht, dass ich das, was ich loslasse, nicht trotzdem vermissen darf.
Ich vermisse sie sehr. Jeden Tag. Und es wird schwierig sein, sie eines Tages zu halten, ohne sie festzuhalten, ein regelrechter Balanceakt. Ich freue mich drauf. Wünschen konnte ich es mir nicht, das hab ich ja verschlafen. Mein größter Wunsch in diesem Jahr ist sowieso schon gleich im Januar in Erfüllung gegangen. Im August ist wieder eine Sternschnuppennacht, dann werde ich es mir wünschen. Und ich wünsche mir, dass sie sich eines Tages wünscht, mich nie mehr loszulassen.

Mein Soundtrack zum Text: Samuel Harfst - Das Privileg zu sein

Zur richtigen Zeit an den richtigen Orten

Kennt Ihr dieses Gefühl, genau zur richtigen Zeit am richtigen Ort zu sein? Dieses Gefühl hatte ich ganz oft in den letzten zwei Wochen. Und ich vermisse es grad sehr.

Viel zu oft habe ich mir auf die Zunge gebissen und nicht gesagt, was ich sagen wollte, keine Ahnung warum. Wahrscheinlich, weil ich Angst hatte vor diesem Moment, den es auch gab: Ich guck sie an, sie an mir vorbei, ich fühl mich matschig und fad wie ein Spiegelei.... Aber wer immer nur Angst vorm Runterfallen hat, der wird wohl nie Fahrradfahren lernen!?!

Wenn ich das letzte Jahr Revue passieren lasse, dann sind da so viele Erinnerungen an Momente, an Orte, an Begegnungen, dass es mir fast unmöglich erscheint, dass dies alles innerhalb nur 13 Monaten passiert ist. So viele magische Momente. Und ich weiß, ich lerne noch, und oft finde ich nicht die richtigen Worte. Aber ich habe das Gefühl, zwei oder dreimal habe ich es schon geschafft.

Wer mich nicht kennt, muss denken, ich bin verrückt. Und wer mich kennt, weiß, ich bin verrückt. Aber für jeden einzelnen dieser magischen Momente hätte ich alles gegeben, ihn genossen und mir dann gewünscht, ihn für immer festhalten zu können. Diese Inflation der gefühlt über tausend magischen Momente im letzten Jahr soll mich nicht darüber hinwegtäuschen, wie wertvoll jeder einzelne davon ist.

Ja, ich gebe zu: Meine Gedanken kreisen grad um sie. Und ich bin ein bisschen neidisch auf meine Gedanken, weil sie viel öfter bei ihr sind als ich das jemals sein werde. Sonst bin ich auf niemanden neidisch, weil niemand dort ist, wo ich hingehöre.

Ich kenn jetzt ihren Namen
und ich weiß auch, wie sie heißt.
Ich glaub, sie wird mein zu Hause
und ich bin bisher nur verreist.

Auf jeden Fall will ich auch mit ihr tanzen!
Doch nicht als Ablenkung, sondern als Teil des Ganzen!!
Ich glaub, wenn der mit ihr tanzt auch mit ihr stilllebt,
dass dann ganz laut unser Herz bebt.

Und sie schlagen im Takt, "keine Ahnung, warum",
ich hör es ganz deutlich: "Ba Ba Ba Boom".

Für Insa

Liebe Insa!

Vielen Dank noch einmal für den schönen Abend!
Er war witzig, wohltuend, erquickend, erlabend... ;)

Begonnen mit ganz viel Sonnenschein,
da waren Gedichte und Lieder und Käse und Wein.

Da waren alte Bekannte und neue Gesichter,
er-weckte den Musiker oder den Dichter.

Dieser Abend und Du verdient einen Riesenapplaus!
Fühlte er sich doch an, irgendwie.... wie... Zuhaus! :)

Im schönen Hinterhof mit der Sternendecke...
(Ich überleg, ob ich den größten Wunsch lieber verstecke?!)

Aber dann wäre es wohl kein Gedicht von mir,
wenn ich von dem, was mir fehlte, nichts sage: Von IHR....

Das "girl", das die Sehnsucht nach Gefühlen in mir weckt,
die ich noch nie gefühlt hab, die mir zeigt, was noch in mir steckt.

Mein Weltbild geriet durch sie ziemlich ins Wanken
und sie war ja dabei!! Aber nur in Gedanken...

Noch so ein Abend, mit IHR, das wäre der Hit!!
(Und, obwohl ich ehrlich gesagt nicht den Hauch einer Ahnung
habe, wie verdammt noch mal ich das schaffen soll und ob allein
der Versuch nicht zwei oder drei Nummern zu groß für mich ist,
aber)
nächstes Mal, Insa, da bring ich sie mit! :)

Über Beziehungen

Die wöchentliche Kolumne der großartigen Poetry-Slammerin Julia Engelmann auf stern.de regt mich immer wieder zum Nachdenken an. Und nachdem ihr letzter Text "Verreisen als Flucht" irgendwo im Nirwana des Internets verschwunden ist, noch bevor ich ihn lesen konnte, spricht mir der aktuelle absolut aus der Seele: "Lieber keine Beziehung als aus Verlegenheit eine komische."

Wenn ich über Beziehungen schreibe, dann mag das anmuten, als wenn ein Blinder über die Farben philosophiert. Aber ich war durchaus schon einige Male verliebt, aktuell bin ich es mehr denn je. Und der Legende nach soll es auch schon Menschen gegeben haben, die sich eine Beziehung mit mir hätten vorstellen können. Nur leider war die Schnittmenge aus diesen Personengruppen bislang immer gleich null. Und da ich ein bekennender "Die-oder-keine"-Verfechter bin, war es bislang leider: Keine.

Leider - oder Gott sei Dank. Je nachdem. Denn ich vermute, jede andere Beziehung hätte auf mich komisch oder kompliziert gewirkt, in dem Moment, in dem ich sie gefunden habe. Deshalb bin ich im Grunde froh, dass ich gewartet habe. Denn vielleicht ist sie es, auf die ich gewartet habe. Und ich würde nicht vor dem Problem stehen, dass schon eine Hochzeit mit einer anderen geplant ist, wenn ich meiner wirklichen Liebe (wieder)begegne, so wie Allie in "Wie ein einziger Tag".

Vielleicht macht das die meisten Beziehungen so kompliziert: Dass wir so krampfhaft nach ihnen gesucht haben. Wie bei einer Stellenausschreibung: Gesucht wird: Meine bessere Hälfte. Hat irgendwie was von Autokaufentscheidung. Funktioniert nicht, jedenfalls nicht bei mir. Die Frau, die ich liebe, habe ich erst gefunden, als ich längst bei single.de abgemeldet war.

Ich hatte mal einen Chef, der hat das umgekehrt gemacht: Der hat nicht nur geguckt, welche Person passt auf diese Stelle, sondern auch: Auf welche Stelle passt der Mensch, den ich hier vor mir habe. Und nicht nur einmal hat er einfach noch Stellen aus dem Hut gezaubert, um gute Leute behalten zu können. Vielleicht sollten wir so auch bei der Beziehungspartnersuche vorgehen. Die Frage "Beziehung ja, aber mit wem?" vergessen und uns einfach den Menschen angucken, der gerade vor uns steht. Denn wenn dann der oder die Richtige vor uns steht, dann wird unser Herz schon laut genug rufen. Und dann lautet die Frage nicht mehr "Mit wem?", sondern nur noch "Wo & Wann?".

Dann ist da noch diese Sache mit der Selbstliebe. "Liebe dich selbst - und es ist egal, wen du heiratest", das ist völliger Quatsch. Außer man betrachtet die Partnerin nur als Auto, das einen irgendwo hinfahren soll, ja, dann mag das stimmen. Mit sich selbst im reinen zu sein ist sehr sehr wichtig. Den eigenen Werten treu zu bleiben sollte höchste Priorität haben, das eigene Gewissen ist der härteste Richter den es gibt. Und sich selbst lieben ist auch nicht verkehrt. Aber ich vergleiche die Selbst-Liebe gerne mit der Selbst-Befriedigung: Die schenkt ein schönes Gefühl, ohne Frage, aber das ist doch nie im Leben auch nur annähernd mit der Situation vergleichbar, wenn man zu zweit alleine ist...

Die Liebe findet schon ihren Weg hat Aika mir einmal gesagt. Und ich glaube daran. Ich weigere mich, zu glauben, dass es diese Liebe, so wie ich sie mir wünsche, nur in Walt-Disney-Filmen und Nicholas-Sparks-Romanen gibt. Und ich weiß, es ist verrückt, in jemandin verliebt zu sein, sie zu lieben, bevor man überhaupt nur ein erstes Date hatte. Aber es ist nun einmal, wie es ist.

Vielleicht hat Julia Engelmann Recht und ein großer Bestandteil der Kompliziertheit von Beziehungen ist schon die erste Herausforderung, sie überhaupt zustande zu bekommen. Manchmal würde ich die Zeit gerne vorspulen, dann müssten wir nicht so lange warten. Und es wäre so schön, zusammenzuleben an dem Platz, an den wir passen. Ich wünsche mir, neben ihr aufzuwachen, und keiner von uns weiß im ersten Moment, in welcher Stadt wir uns gerade befinden, und doch fühlen wir: Wir sind zu Hause. Wouldn't it be nice? Of course, it would be nice! But this is not the question. The question is: "Où & Quand?"

Und bis sie mir die Antwort schenkt? Solang warte ich, genieße die Momente und sammele How I Met Your Mother-mäßig Geschichten für unsere Kinder. Die werden zumindest nicht langweilig.

Von Gedanken und Fragen nach der Zukunft, nach dem Sinn und nach der Geschwindigkeit....

Soll ich langsamer gehen? Stehenbleiben? Umdrehen? Losrennen? Das Tempo beibehalten? Ich weiß es nicht.... Da sind so viele Optionen... Und so viele Gedanken.... Und so viele "Wenn's".... Und genauso viele "Aber"....

Ich habe Angst etwas falsch zu machen... wollte ich grad schreiben. Aber wenn man Angst hat, runterzufallen, dann fällt man erst recht. Also habe ich einfach KEINE Angst, etwas falsch zu machen. So!

Hm. Leichter gesagt als getan.

Wenn ich wirklich-wirklich-wirklich weiß, wo ich hinwill, wäre da nicht jeder Tag, an dem ich es versäume, endlich loszugehen, Zeitverschwendung? Aber wenn ich doch gar nicht weiß, wo ich lang muss...

Wenn ich ihr nun einfach sage, dass ich sie liebe? Aber vielleicht geht der Schuss auch in die falsche Richtung und sie fühlt sich dann total unter Druck gesetzt. Ein zwangloses Treffen wäre dann wohl kaum noch möglich. Falls es das überhaupt jemals war.

Ich brauche mehr Wein.

Wenn ich nun einfach abwarte, was passiert? Denn was zu mir gehört, findet sowieso den Weg zu mir, sagt man doch? Aber vielleicht hat Gott mir ja auch meine Füße gegeben, um zu ihr zu gehen und meinen Mund, um zu ihr zu sprechen, und meine Hände, um Tesafilmstreifen abzureißen?

Wenn mein Verhalten sie nun vielleicht total nervt und somit stressig-kontraproduktiv ist? Aber manchmal sind wir von Dingen wie YouTube-Videos oder Einhörnern oder bunten Zetteln auch nur im ersten Moment genervt und erkennen später, was sie uns Schönes gezeigt haben?

Je mehr ich darüber nachdenke, umso mehr weiß ich, dass ich nichts weiß. Aber wer nichts weiß und weiß, dass er nichts weiß, weiß ja zumindest mehr, als der, der nichts weiß, aber nicht weiß, dass er nichts weiß. Das ist doch schonmal was.

Vielleicht genieße ich das Nicht-weiter-wissen auch einfach. Wie langweilig wäre 'How I Met Your Mother', wenn man schon am Anfang wüsste, wie es ausgeht?

Er

"Ich sehe Dich schon, wie Du glücklich bist und zufrieden und kein bisschen ahnungslos."

Ich liege hier allein in meinem Bett und er ist bei ihr. Wie gemein. Er - das ist exakt dieser Typ, wie Bodo Wartke ihn beschreibt: Wenn er bei Dir ist, find ich keinen Schlaf
weil er all das tut was ich nicht darf.

Ich liege hier und denke an sie. Ich denke nicht nur an sie, ich mache mir auch Gedanken um ihre Gedanken. Sie macht sich sehr viele Gedanken - darin ähneln wir uns wohl ein bisschen. Manchmal, da wünscht sie sich, ihre Gedanken würden vor ihr einschlafen oder sie wünscht sich, sich weniger Gedanken zu machen um mehr im Moment zu leben. Dabei ist das Quatsch, denn ihre Gedanken sind doch ein Teil von ihr, ein sehr schöner sogar, vielleicht sind ihre Gedanken sogar das allerschönste an ihr.

Er weiß das auch. Und er, er liegt jetzt neben ihr und flüstert ihr das ins Ohr: Wie schön sie ist. Und wie schön jeder einzelne Gedanke von ihr ist. Und dass sie sich absolut überhaupt keine Sorgen machen muss, dass ihre Gedanken sie davon abhalten würden, den Moment zu genießen. Denn mit ihren Gedanken ist es wie mit einem Baby: Wenn sie Hunger haben oder sich fürchten, dann schreien sie. Aber wenn man sie füttert und ihnen Geborgenheit schenkt, dann werden sie automatisch still und lächeln. Und dieses Lächeln, das IST schon einer dieser Momente, für die es sich zu leben lohnt.

Und während er ihr das sagt, beginnt sie zu lächeln. Denn wenn man einen Freund hat, der weiß, wie schön die Gedanken sind, dann braucht man sich vor nichts zu fürchten! Es ist soweit: Ihre Gedanken legen den Mantel ab, machen es sich gemütlich, sie sind endlich zu Hause angekommen.

Jetzt ist der Zeitpunkt gekommen: Er beginnt, sie zu küssen.

Ich bin grad so verdammt eifersüchtig, dass mir ein paar Tränen kommen. Ungelogen.

Während ich Stunden und Tage damit verbringe, überhaupt nur herauszufinden, wo sie ist und wo sie war, wo der Ort ist, an dem die Chance am größten ist, ihr zu begegnen, wo die Bank steht, auf der sie gesessen hat und welcher der schönste Weg ist, der zu ihr führt,

setzt ER sich einfach gemütlich neben sie, als ob es ihn gar nicht interessiert, WO sie grade sind, und nimmt ihre Hand. Dieser Schuft.

Am liebsten würde ich ihn manchmal zum Teufel jagen!!! Aber das wäre töricht, denn er ist doch ein Teil von mir. Ein sehr schöner sogar: Der Gedanke an Dich.

Lottogewinn

Heute Morgen habe ich mit einem Kollegen darüber gesprochen, wie es wäre, im Lotto zu gewinnen. Und ob wir dann nicht mehr arbeiten würden. Letzten Endes sind wir zu dem Schluss gekommen: Eigentlich HABEN wir schon im Lotto gewonnen, nur vergessen wir das oft... Das "Geburtsorts-Lotto" hat uns eines der privilegiertesten Leben auf dieser Welt geschenkt. Andere Menschen würden ihr Leben riskieren, um in diesen Genuss zu kommen. Viele tun das auch. Und viele sterben dabei. Meine Probleme möcht ich haben!

Heute, gerade jetzt, wünsche ich mir etwas so sehr. Und ja, ich muss weinen, weil ich Angst habe, dass sie mich längst nicht so sehr mag wie ich sie. Oft vergesse ich bei diesen Gedanken, dass sich mein allerallerallergrößter Wunsch in diesem Jahr schon längst erfüllt hat. Denn Anfang des Jahres hätte ich mir die Hand dafür abhacken lassen, dass sich mein größter Wunsch erfüllt: Dass sie wieder gesund wird.

Ich wünsche mir, dass ich eines Tages kopfstehen darf, um die Welt für sie zu tragen. Aber neben all der Wünscherei will ich die Dankbarkeit nicht vergessen. Denn auch wenn sie mich wahrscheinlich nie so sehr lieben wird wie ich sie, sie ist gesund geworden! Und wenn ich ihr auch nur für drei Sekunden in die Augen schauen darf, ganz egal ob morgen oder übermorgen oder im November, dann ist mir das mehr wert als jeder Lottogewinn.

Also, lieber Gott, falls Du Facebook hast: DANKE!!! :) (Und danke auch, dass ich trotzdem meine Hand behalten durfte ;) Vielleicht brauche ich die irgendwann noch - um ihre zu halten)

Ich weiß nicht, ob ich der Richtige bin

Wollen wir mal ehrlich sein:
Du genügst Dir nicht allein,
das redest Du Dir jetzt bloß ein.
Viel schöner ist doch zu zweit allein zu sein.

Was Du brauchst ist jemand, der gern Deine Hand hält,
der sich gerne für Dich auf den Kopf stellt
und er trägt dann für Dich die Welt
und er fängt Dich auf, wenn Du fällst.

Jemand, der liebend gern auf Dich wartet,
der die Daumen drückt, wenn Dein großer Auftritt startet,
der am Ende des Applauses noch bei Dir ist
und der Dir aufhilft, wenn Du liegend am kalten Boden bist.

Ich weiß nicht, ob ich der Richtige bin,
doch aus meiner Sicht ergibt nur das einen Sinn.

Ich sag Dir nicht, was Du hör'n willst, sondern das was ich denke.
Hör gut zu, wenn ich Dir jetzt meine Gedanken schenke:

Hast Du Dir wirklich gewünscht, NOCH schöner zu sein?
Dann machst Du wohl auch in Cola noch Zucker rein??
Mal im Ernst: Auch wenn ich nicht glaub', dass das Äußere zählt -
Du bist die schönste Frau auf der Welt!
Und ich glaub Du wirst schöner noch von Tag zu Tag!
(Hatt' ich schon erwähnt, dass ich Golden Retriever sehr mag?)

Wollen wir mal ehrlich sein:
Du genügst Dir nicht allein,
das redest Du Dir jetzt bloß ein.
Viel schöner ist doch zu zweit allein zu sein.

Wenn Du selbst Dein Zuhaus bist, dann bist Du allein
doch Du kannst nicht alleine Zuhause sein!
Glück ist nur echt, wenn man es teilt
und auch wenn bei Dir grad diese Wunde noch heilt:

Getäuscht hast Du Dich nur in der Person
und heute noch fühlst Du Dich deshalb wohl schlecht.
Doch eines Tages vielleicht, wer weiß das schon
begegnest Du mir, und alles ist echt!

Ich weiß nicht, ob ich der Richtige bin,
doch aus meiner Sicht ergibt nur das einen Sinn.

Ich weiß, ER ist es, dem Du die schönen Worte sagst
und ich bin nur die Olive, die Du noch nicht magst.
Heute bist Du genervt von dem, was ich sag.
Doch das muss nicht so bleiben! Und ich wart' auf den Tag
an dem Du mich richtig gerne verspeist.
Vielleicht bin ich Dein Zuhause und Du warst nur verreist!?!

Wollen wir mal ehrlich sein:
Du genügst Dir nicht allein,
das redest Du Dir jetzt bloß ein.
Viel schöner ist doch zu zweit allein zu sein.

Weißt Du, wenn irgendwo etwas zu Ende geht,
dass dafür anderswo ein Stern aufflimmert?
Egal, wie oft sich die Erde noch dreht,
ich will, dass sie sich an UNS erinnert.

Ich weiß nicht, ob ich der Richtige bin,
doch aus meiner Sicht ergibt nur das einen Sinn.

Du hast so schöne Gefühle in mir geweckt,
bislang wusst' ich nicht, dass es so etwas gibt.
Du bist nicht nur gut genug, Du bist mehr als perfekt!
Lass Dir das sagen von dem Mann, der Dich liebt.

Ich werd Dir beibringen,
in meinen Augen zu lesen,
dann wirst Du sehen: Das Gedicht ist kein
schnulziger Kitsch gewesen.

Es gibt so viel an Dir, was bewundernswert ist.
Ich will Dir das jeden Tag sagen, damit Du das nicht vergisst.

Wollen wir mal ehrlich sein:
Du genügst Dir nicht allein,
das redest Du Dir jetzt bloß ein.
Viel schöner ist doch zu zweit allein zu sein.

So - jetzt hast Du mein Wort! Fehlt nur noch der Kuss...
Mir ist egal, wie lang ich drauf warten muss.
Vielleicht irre ich mich - wer kann das schon wissen?
Ich glaube das Schönste der Welt ist: Dich küssen!

Ich weiß nicht, ob ich der Richtige bin
doch aus meiner Sicht ergibt nur das einen Sinn.

Darf ich Dich vielleicht ins Riesenrad begleiten?
Wenn ja, wär das fantastisch, schreib mich einfach an.
Zum Ort des Geschehens hättest Du ja keinen weiten
Weg, die Frage wär nur noch: "Quand?" Also: Wann?

Nostalgie

Aus Amélie und Nino wurde ein so schönes Paar!
Ich wusste, dass das nicht gerade gestern war...
Keinen Film hab ich öfter im Kino gesehen,
sogar meine Eltern mussten mit mir reingehen!
Ich mag alles! Bilder, Musik, Story, Idee,
so dass ihn auch heute noch gerne anseh!

14 Jahre ist das jetzt schon her!!!
Das zu glauben fällt mir dann doch etwas schwer...
Ein Gedanke durchfährt mich: Mein Gott, bin ich alt!
(Noch kein Papa zu sein lässt mich auch nicht grad kalt...)

Manchmal hass ich es, wie schnell die Zeit doch vergeht
und ich glaube, dass das jeder versteht!
Die Endlichkeit gibt allem erst seinen Wert,
trotzdem trifft sie uns härter als jedes Schwert.

Die Trauer um Onkel Otto wurde im Schulbus erstickt,
meine Tränen habe ich dort unterdrückt.
Als dann Zeit war zum Weinen konnte ich es nicht mehr,
dabei brauch ich als Mensch doch Gefühle so sehr!

Bei meiner Oma war ich so ein Riesenidiot!
Doch als ich das bemerkt hab, war sie leider schon tot...
So viel Zeit mit Ärger um Lappalien vergeudet,
anfangs wusste ich nicht, dass sie an Alzheimer leidet...

Bei der Bahn sind wir Familie, auch dort bin ich zu Haus.
Ich vermisse Euch - Eddy, Hajü und Klaus!
Manchmal hass ich es, dass die Zeit überhaupt vergeht
und ich glaube, dass das jeder versteht!

Trotz allem und auch wenn ich den Grund dafür sehr gut versteh
halt ich "Sterne-an-der-Erde-festbinden" für keine so gute Idee...
(Dabei helfen würd ich Dir aber sofort!
Ich mache mit! Sag mir nur Zeit und Ort...)

Aber ist Dir eins denn überhaupt klar?
Hätte die Zeit angehalten, als Deine Mutter 23 war
dann wäre die Welt ganz ohne Dich!
Also ich fände das fürchterlich!!

In welchem Licht die Zeit Du siehst,
das kannst Du selber wählen.
Die Vergangenheit ist nur eine Geschichte,
die wir uns selbst erzählen!

Bei nem Zeitstopp ab heute würde es Dich zwar geben,
doch Du würdest die Geburt Deiner Kinder nie erleben!

Die Zeit darf heute noch nicht stillstehn,
denn ich hab dich noch nicht geküsst.
Unerwiderte Liebe ist zwar auch schön,
doch ich will wissen, wie das ist!!!

Und ich weiß, eines Tages, da ist es soweit!
Da sind wir losgelöst von Raum und Zeit!
Es gibt nur Dich und mich, alles andre ist verschwunden
und wir haben zusammen die Unendlichkeit empfunden.

Mein Soundtrack zum Text:
Reinhard Mey - Viertel vor sieben

Gedanken zum 1. Advent

Ich bin Christ, und das ist gut so. Das bedeutet aber für mich nicht, dass ich vor anderen Religionen Angst haben muss: Der Koran, den mir mal ein Fahrgast im Zug geschenkt hat, liegt friedlich in meinem Schlafzimmer und wartet darauf, eines Tages gelesen zu werden. Ich bin sicher, dass ich darin einige Stellen finden werde, mit denen ich übereinstimme, und einige, die nicht meiner Meinung entsprechen - genau wie bei der Bibel.

Advent bedeutet im Christentum, sich vorzubereiten auf die Geburt Jesu. Als Jesus geboren wurde, waren seine Eltern in der Fremde in einer notdürftigen Unterkunft. Wo also müssten wir Jesus suchen, wenn er 2015 geboren würde?

Immer und immer wieder muss ich zur Zeit an das Gleichnis vom barmherzigen Samariter denken: Hier bezieht Jesus ganz klar Stellung, dass es beim Christsein nicht auf die Religionszugehörigkeit ankommt. Ein Mensch liegt hilfsbedürftig halbtot am Boden. Zuerst kommen zwei Scheinheilige, die zwar in der Kirche von Nächstenliebe predigen und anderen die Leviten lesen, doch sie wechseln die Straßenseite und gehen weiter. Der dritte, der liebevoll zu Hilfe eilt, den sollen wir Christen uns zum Vorbild nehmen - und der war anderen Glaubens!!

Drei Situationen sind mir aus der letzten Woche in Erinnerung geblieben, in denen meiner Meinung nach christliche Werte gelebt wurden. Ob die handelnden Personen sich selbst als Christen bezeichnen, weiß ich nicht, ist mir aber auch egal...

1. Christian Ehring, der Stellung bezieht bezüglich einer geforderten Obergrenze für Flüchtlinge.

Ich überlege sowieso, alle obergrenzebefürwortenden Posts zu kommentieren: "Im Auftrag des Bundesministeriums für Obergrenzen von Grundrechten informiere ich Sie darüber, dass die Obergrenze der Meinungsfreiheit zur Zeit überschritten ist: Es befinden sich zu viele meinungsäußernde Artikel im Internet. Bitte löschen Sie deshalb unverzüglich diesen Post und versuchen es ggf. zu einem späteren Zeitpunkt erneut. Vielen Dank!"

2. Die Arbeit von Refugees Welcome - Flensburg.

Es war schön, zu sehen, wie den Menschen am Bahnhof unbürokratisch geholfen wird, vielen Dank dafür!

3. Die junge Frau, deren Namen ich nicht weiß, die sich um eine hilfsbedürftige Familie mit krankem Kleinkind kümmerte. Sie brachte es nicht übers Herz, die Familie nachts um drei am kalten Göttinger Bahnhof ihrem Schicksal zu überlassen, kam zu mir an den Zug und hat mich fast umarmt, als wir eine einvernehmliche Lösung gefunden haben.

Mein Soundtrack zum Text:
Rolf Zuckowski - Und wenn er wirklich wiederkäm

Die Zeit des Wartens - Gedanken zum 4. Advent

Ich wünschte, ich könnte jetzt in Deine Augen sehen, denn ich möchte lernen, Deine Gedanken in ihnen zu erkennen (und außerdem sind Deine Augen wunderschön).

Die Adventszeit ist eine Zeit der Besinnung und des Erwartens - und so nutz(t)e ich den Tag mit einem schönen Adventsessen mit meinem Opa und gleich mit einer schönen Weihnachtsfeier im Landhotel Am Rothenberg. Und währenddessen warte ich - auf Dich.

Ich weiß, dass das verrückt ist. Und ich weiß, dass ich keine Erfolgsgarantie habe. Aber mal ehrlich: Wo im Leben gibt es das schon? Auf der krampfhaften Suche nach Versicherungen und Garantien vergessen wir doch oft, einfach zu leben...

Ich mag Deine Sicht der Dinge: Ich mag, wie Du die Sterne siehst, und das Universum. Ich mag Deine Gedanken über die (Un-)Endlichkeit. Ich mag Deine Selbstzweifel und Deine Dissonanzen. Und vor allem mag ich Dich.

Es ist ein riesiges Privileg, einfach nur zu sein. How rare and beautiful it is to even exist - ich bin sehr dankbar dafür!

What if the universe was made just to be seen by your eyes? Hast Du Dich das schon mal gefragt? Die Sterne, der Mond, der Saturn, das ganze Himmelszelt, vielleicht gibt es all das nur, damit Du es sehen kannst? Ich mag die Vorstellung und ich finde, es sollte jemanden geben, der Dir das sagt. Und ich weiß nicht, ob ich der Richtige dafür bin. Aber ich wäre es sehr gern.

Denn eins weiß ich gewiss: Selbst wenn Du all das sehen kannst - Die Sterne, den Mond, den Saturn, das Himmelszelt und all die vielen schönen Dinge auf der Erde, so wirst Du doch das Allerschönste auf der Welt niemals sehen und erkennen können.

Wusstest Du, dass es für Schmetterlinge physisch unmöglich ist, Ihre eigenen Flügel zu sehen? Das ist krass, denn so kann selbst der schönste Schmetterling der Welt seine eigene Schönheit niemals wahrnehmen.

Du glaubst jetzt an Wunder und Du kannst die Sterne sehen und den Mond und den Saturn und Schmetterlinge. Und doch wird sich Dir das größte Wunder überhaupt wohl niemals erschließen. Und doch wirst Du das absolut Schönste auf dieser Welt niemals sehen können: Dich!

Wenn Du Dich eines Tages in mich verliebst, dann werde ich Dir beibringen, in meinen Augen zu lesen. Vielleicht bekommst Du dann eine ungefähre Ahnung davon, wie schön Du bist, denn in Worte lässt sich das nicht fassen.

Mein Soundtrack zum Text:
Sleeping At Last - Saturn

Annahme verweigert

Der Test hat schon irgendwie recht: All I want for christmas is you. But not all wishes for christmas will become true...

Mein Versuch, die Wirklichkeit auszutricksen ist jedenfalls kläglich gescheitert.

Aber vorweg: Ich bin sehr glücklich und es geht mir sehr gut. Ich habe gemütlich im Bett geschlafen, habe ein Dach über dem Kopf, bin gut gesättigt, liege gemütlich in der Badewanne, treffe mich gleich mit guten Freunden und werde heute Abend mit meinem Bruder, seiner Freundin, meinen Eltern und meinem Opa Weihnachten feiern. Das alles ist nicht selbstverständlich und ich bin sehr dankbar dafür. Stellvertretend für alle, denen es nicht so gut geht wie mir, sende ich auch an dieser Stelle liebe Weihnachtsgrüße an meine Schwester Sasskia, die Weihnachten im Krankenhaus verbringen muss: Werd schnell wieder gesund!!

Es dauert sehr lange, bis man mich aus der Ruhe bringt. Aber manche Menschen schaffen das: Sie bringen mich so zur Weißglut, dass ich sogar schreie (oder zumindest sehr laut rede).

Es dauert sehr lange, bis etwas mein Herz berührt. Aber Du hast das geschafft. Bevor ich Dich gefunden habe, war mein Herz irgendwie auf Stand-by, geweint habe ich nur noch, wenn jemand gestorben ist. Mein Leben plätscherte so vor sich hin, alles war irgendwie gut, aber halt doch nicht perfekt und ich wusste, dass etwas fehlt, aber ich wusste nicht, was.

Ich weiß nicht, wie ich das beschreiben soll, aber am meisten dankbar bin ich, dass Du mir das Weinen wieder ermöglicht hast. Seit Du mir begegnet bist, lasse ich viele Dinge wieder näher an mich ran. Ich fühle intensiver, lebe intensiver - und weine intensiver. Vielleicht kann man sagen, dass ich endlich wieder seelischen Schmerz empfinden kann. Und auch wenn das manchmal echt weh tut, bin ich sehr dankbar dafür: Lieber eine unerfüllte Liebe als überhaupt nicht zu lieben. Lieber heute ein unerfüllter Weihnachtswunsch, als die Zeiten, in denen ich mir gar nichts mehr gewünscht hab.

Nun ist Weihnachten und ich hätte Dir sehr gerne etwas geschenkt. Ich wusste zwar, dass Du keine Geschenke von mir willst, aber ich dachte, ich kann die Realität austricksen.

Es sollte eine Win-win-win-Situation werden: Ich dachte, wenn nicht ich Dir etwas schenke, sondern der Weihnachtsmann, dann ist das für alle gut:
Ich kann Dir etwas schenken, obwohl ich das eigentlich nicht darf. Der Glaube an den Weihnachtsmann würde gestärkt, denn nur, weil wir Erwachsene den Weihnachtsmann nicht sehen können, heißt das ja nicht, dass es ihn nicht gibt!
Und ich hatte gehofft, Du würdest lächeln, wenn Du Dein Geschenk aufmachst und siehst, dass der Weihnachtsmann an Dich gedacht hat.

Der Scherbenhaufen der Realität scheint es eher zu einer Loose-loose-loose-Situation gemacht zu haben:
Der Weihnachtsmann-Etiketten-Schwindel flog natürlich auf und Du hast gemerkt, dass das Geschenk in Wirklichkeit von mir war. Wahrscheinlich hast Du Dich geärgert und warst genervt und hast Dinge gedacht wie: "Warum lässt der Penner mich nicht endlich in Ruhe? Der Idiot muss doch langsam mal merken, dass ich nichts von ihm will. Nicht mal an Weihnachten hat man Ruhe vor diesem Vollpfosten." So wie ich Dich kenne, hast Du die Kraftausdrücke beim Denken weggelassen. Obwohl ich Dir allen Grund dafür gegeben habe. Sorry.

Ich habe mich in eine Situation gebracht, in der viele wahrscheinlich am liebsten die Hände vors Gesicht halten würden, um für immer unsichtbar zu werden. Und der Weihnachtsmann versteht wahrscheinlich die Welt nicht mehr: Ist ihm das schon mal passiert, dass er ein Geschenk zurückschicken musste mit dem Vermerk: "Annahme verweigert"?

Vielleicht liebst Du ihn noch
doch er liebt Dich nicht.

Ich liebe Dich
doch Du liebst mich nicht.

Gefühle sind nicht übertragbar,
doch manchmal ändern sie sich.

Ich werde Dir in Zukunft nichts mehr schenken, auch wenn mir das schwerfällt, auch nicht an Deinem Geburtstag oder zu Weihnachten. Es stimmt schon, Grenzen sind Phantome und existieren nur in Gedanken. Doch ich habe die Grenzen überschritten, die in Deinen Gedanken existieren. Dazu hatte ich kein Recht.

Womit ich nicht aufhören werde, ist an Dich zu denken und da zu sein. Jemanden vergessen zu wollen, heißt, an ihn zu denken. Ich aber will Dich gar nicht vergessen.

Mein Nicht-Geschenk-Versprechen gilt ohne zeitliche Begrenzung. Du jedoch kannst es jederzeit aufheben. Mit dem Satz "Du darfst mir jetzt wieder etwas schenken" kannst Du es jederzeit außer Kraft setzen, egal ob morgen, im Mai oder in zehn Jahren. Merk Dir den Satz: "Du darfst mir jetzt wieder etwas schenken".

Mein Bild von Dir

"Wenn wir einen Menschen hassen, so hassen wir in seinem Bild etwas, was in uns selber sitzt. Was nicht in uns selber ist, das regt uns auch nicht auf."

In diesem Zitat steckt sehr viel Wahrheit, finde ich. Jeder Mensch trägt unendlich viele Fähigkeiten und Eigenschaften in sich, welche davon zum Vorschein kommen, liegt an vielen Faktoren: Stimmung, Bildung, Vorbilder, Erfahrungen, gesundheitliche Verfassung, Wohlbefinden, Reize, etc. etc. und wohl auch an einigem, was wir nicht erkennen und berechnen können und daher Zufall nennen.

Je mehr ich mir das bewusst mache, umso unmöglicher wird es mir, einen Menschen zu hassen. Das hat den positiven Nebeneffekt, dass ich auch mich selbst nicht hassen brauche, wenn ich Dinge tue, die ich im Nachhinein bereue oder Gedanken in mir wach werden, die mir selbst unheimlich sind.

Aber gilt dieser Spruch auch anders herum? "Wenn wir einen Menschen lieben, so lieben wir in seinem Bild etwas, was in uns selber sitzt. Was nicht in uns selber ist, das berührt uns auch nicht." Ich glaube schon. Unser Gegenüber ist immer auch Projektionsfläche für unsere eigenen Gefühle.

Problematisch wird das dann, wenn wir uns täuschen. Wenn wir im Anderen etwas sehen, was zwar in uns selber sitzt, aber sich in Wahrheit bei dem Anderen gar nicht zeigt. Dann sind wir irgendwann ent-täuscht. Manchmal machen wir dann dem Anderen Vorwürfe, obwohl wir selbst es waren, die in gewisser Weise blind waren.

Und Du? Du nutzt das als Ausrede, warum Du gar nicht so großartig bist, wie manche finden. Viel wichtiger als das, was Du tust, wäre ja, was wir darüber denken und was es in uns auslöst. Und natürlich hast Du damit ja auch ein stückweit Recht: Wie jemand über Dich denkt und spricht, sagt mehr über ihn selbst aus als über Dich.

Das ändert aber nichts daran, dass Du wundervoll und einzigartig bist! Ich habe sehr viel darüber nachgedacht, ob ich mich vielleicht täusche. Ob ich in Dir etwas sehe, was Du gar nicht bist. Ob das alles eine Illusion ist oder einfach nur dem Phänomen entsprungen ist, dass man sich oft in den eigenen Therapeuten verliebt. Denn zwar warst Du nie meine Therapeutin aber doch warst Du es, die in mir viele Gedanken und Gefühle erweckt hat und mich so doch auch ein Stück "geheilt".

Aber ich komme immer wieder zu dem Schluss: Du bist echt! Und meine Gefühle für dich sind echt. Es gibt tausend Dinge, die ich an Dir mag: Wie Du über Baumstämme balancierst zum Beispiel, oder wie Du mit dem Zeigefinger zur Seite zeigst, wenn Du etwas betonst. Wie Du lachst und wie Du singst. Wie Du mir in einer unserer ersten Begegnungen gesagt hast, es müsse mir nicht leidtun, als ich etwas zu übertrieben agiert habe. Ich mag sogar, wie Du schimpfst und fluchst, auch wenn das nur gespielt war.

Überhaupt mag ich einige Dinge an Dir, die Du selbst eher kritisch betrachtest: Deine Ironie zum Beispiel. Ich mag Ironie. Und ich liebe Deine Ironie. Die anderen neunhundertdreiundneunzig Dinge, die ich an Dir mag, werde ich jetzt und hier nicht weiter ausführen. Wenn es Dich interessiert, darfst Du mich aber gerne darauf ansprechen. ;)

Jedenfalls habe ich mich entschieden: Für Dich und für uns. Auch wenn mir bewusst ist, dass es heute und morgen noch kein "uns" geben wird. Und ich weder eine Garantie darauf habe, noch den Zeitpunkt vorher weiß.

Immer wenn ich an Dich denke, muss ich dämlich grinsen und fühle mich wohl. Und immer wieder frage ich mich, wie das sein kann: Du bist so ein wunderschöner, einzigartiger und wundervoller Mensch und doch sehe ich da nie jemanden, der auf Dich wartet, der Dir zuzwinkert, Deine Hand hält, Dich versteht, ohne dass Du alles erklären musst, der auf Dich aufpasst, der liebevoll seinen Arm um Dich legt und Dich küsst. Die Antwort, die mir am besten gefällt: Vielleicht, weil das meine Aufgabe ist.

Vom reich sein

Und würde ich nichts besitzen, keine Wohnung, kein Auto, kein Sofa, keinen Computer, keinen Fernseher, kein Geld, nicht einmal eine Glühbirne über der Matratze, doch läge ich im Gras oder Moos oder Mohn und hielte Deine Hand, so wäre ich doch reicher als ich es heute bin...

Was ich Dir wünsche fürs neue Jahr

Ein Jahr ganz ohne Ängste,
das wünsch ich Dir nicht
doch ich wünsche Dir, dass
jemand mit Dir spricht.

Er nimmt Dich in den Arm
und gibt Dir sein Wort
und für diesen Moment
sind die Ängste dann fort.

Ein Jahr ganz ohne Selbstzweifel,
das wünsch ich Dir nicht
doch ich wünsche Dir, dass jemand
diese Zweifel bricht.

Er küsst Dich und er sagt Dir,
wie wundervoll Du bist,
wird nicht müde, hört erst auf,
wenn der letzte Zweifel verschwunden ist.

Ein Jahr ganz ohne Sorgen,
das wünsch ich Dir nicht
doch ich wünsche Dir, dass jemand
Dich berührt: Dein Gesicht

gefühlvoll mit den Fingerspitzen,
die Wange sanft an Deiner reibt,
Dich streichelt und für den Moment
all Deine Sorgen Dir vertreibt.

Dass Du noch schöner wirst und zarter,
auch das wünsche ich Dir nicht.
Das ist nämlich gar nicht möglich!
Jedenfalls aus meiner Sicht.

Ich wünsch Dir, dass Du jemand findest,
der ‚Zuhause' für Dich ist.
Der mit Dir die Enten füttert
und Dich liebt, so wie Du bist.

Er baut einen Hafen für Deine Gedanken,
dort können sie Kraft, Mut und Liebe tanken.
Und auch wenn draußen die heftigsten Stürme toben
sind sie dort gut und sicher aufgehoben.

Er hält Dich ganz fest
und trotzdem bist Du frei.
Du lebst in diesem Moment,
und es gibt nur euch zwei.
Alles andre ist verschwunden,
und ihr fühlt euch unendlich dabei.

Das sind meine Wünsche fürs neue Jahr für Dich!
(Und insgeheim wünsch ich mir, dieser 'jemand' wär ich.)

Ein wirklich schöner Tag

Zum Feierabend herzhaft lachen
Über die Post freuen
Eine Chance mehr bekommen, Dich zu sehen
Etwas schlafen
Deine Gedanken lesen
Ein Bild von Dir ansehen
"Was tut Dir gut" von Andreas Bourani hören
Glauben, die Antwort zu kennen
Durch die schneebedeckte Stille zum Rewe spazieren
Den Bach plätschern hören
Meinen Eltern endlich erzählen, dass Charline mir geschrieben hat
In der Badewanne liegen
Bresso essen und Diesel trinken
"A dream you dream alone may be a dream,
but a dream two people dream together is a reality" lesen
und finden, dass das stimmt
Ein wirklich schöner Tag

Dir in die Augen sehen
Dir sagen, dass egal, wie klein Du Dich fühlst
Du für mich die Größte bist
Dir sagen, dass ich Dich ganz fest halten will
und Du trotzdem immer frei bist.
Einen Schneeengel mit Dir machen
Dich küssen
Das hätte ihn perfekt gemacht

Dass ich Dich grad vermisse macht mich glücklich
Denn es zeigt mir, dass über 80% der Voraussetzungen für einen Kuss schon erfüllt sind:
Es gibt Dich.
Es gibt mich.
Du bist mir begegnet.
Ich bin Dir begegnet.
Ich habe mich in Dich verliebt und bin froh, Dich gefunden zu haben.

Und Du? Du magst Zahlen. Aber Emotionen magst Du mehr. Und wenn ich Riesenglück hab, magst Du irgendwann auch mich.

Gedankenkarussell

Meine Gedanken, die dreh'n sich,
und sie dreh'n sich um Dich.
Ich glaub nicht, dass irgendjemand
auf diese Weise fühlt wie ich

für Dich, in diesem Moment.
Ich wär so gern Dein Held
und der, der alles von dir kennt.

Ich bin der Einzige, der DICH sieht
und nicht das, was nur so scheint
und in meinen Träumen sind wir
eines Tags vereint.

Ich weiß: Solang ich das alleine träume
bleibt das immer nur ein Traum.
Ist es auch noch so utopisch
geb ich ihm trotzdem Zeit und Raum!

Denn wenn wir zusammen träumen,
dann wird daraus Wirklichkeit.
Keine Angst, Du musst nicht hetzen.
Du hast immer genug Zeit!

Aus Gedanken werden Worte
und diese Worte sind für Dich.
Denn der Mann, der Dir sein Wort gibt -
vielleicht bin das eines Tages ich.

Ich bin immer da,
auch wenn Du mich mal nicht siehst
und ich möchte Dir sagen,
falls Du das liest:

Nicht das Schicksal sondern Du allein bestimmst
was für ein Leben Du in Anspruch nimmst.
Es ist normal, das wir nicht auf alle Fragen eine Antwort wissen.
Trotzdem und deswegen sollten wir uns mal... treffen.

Nirgends auf der Welt
wär ich heut lieber als hier!
Und ich sag unumwunden:
Das liegt an Dir.

Doch die Wege winden sich,
die wir grad gehen
und die Scheinwerfer blenden,
Du kannst mich nicht sehen.

Ich will Dir so viel sagen, doch ich weiß nicht recht, wie...
Denn vielleicht wirst Du diejenige, die
mich rettet, mir hilft mich aus meinem Ei zu befrein.
Und nach alledem wirst Du mein Engel sein.

Ich weiß: Das klingt übertrieben,
doch ich seh' ganz genau:
In Dir steckt ganz eindeutig
eine Engel-Frau!

Und zu jeder Engel-Frau
gehört doch auch ein Engel-Mann.
Ich weiß ganz genau,
dass ICH das sein kann!

Uns fehlt die Verknüpfung
und ich weiß nicht, wie das gehn soll.
Ich bin in knüpftechnischen Dingen
nicht wirklich toll.

Ich weiß: Heut und morgen
werde ich ungeküsst gehn.
Doch wenn wir alt sind,
dann will ICH an Deiner Seite steh'n!

Wir sind wie zwei Handschuhe
doch zwischen uns fehlt das Band.
Doch vielleicht gehen wir eines Tages
ja doch Hand in Hand.

Vielleicht sind wir aus demselben Stoff
und das würden wir spüren!
Doch dafür müssten wir uns
zunächst mal berühren...

Nun, Deine Worte berührn mich
mehr als alles auf der Welt.
Deine Nähe ist mehr wert
als Ruhm, Macht und Geld!

Vielleicht hab ich mich ja
ganz furchtbar verrannt.
Doch vielleicht hab ich auch nur
Deine Schönheit erkannt.

Aus Worten werden Taten
und Sprache schafft Wirklichkeit
und ich finde es ist dafür
bald an der Zeit.

Aus Worten werden Taten,
vielleicht tat ich schon zu viel.
Dich bedrängen oder nerven
ist ganz bestimmt nicht mein Ziel.

Deshalb bleib ich heute leise
und schreibe hier still vor mich hin.
Und auch wenn mir manche sagen:
"Das hat doch alles keinen Sinn!" -

Dich glücklich lächeln sehen,
das ist soooooooooooo wunderbar,
dass ich dafür auch gern
bis nach Timbuktu fahr!

Du sagst, Du seist gern schöner,
doch das ist völliger Quark!
Ich will Dir jetzt sagen
wie gern ich Dich mag.

Ich glaub, Du hast gar keine Ahnung,
wie viel Schönheit in Dir steckt.
Ich hab in meinem ganzen Leben
noch nie was Schöneres entdeckt!

Ich weiß: Das alles ist verrückt;
ich kann's ja selber auch nicht fassen.
Doch ich kann Augen und Verstand
nicht von Dir lassen.

Niemand ruft Dich auf - das stimmt nicht mehr!
Denn ich rufe und rufe und rufe so sehr.
Deinen Namen und ich meine wirklich Dich!
Dein Romeo, Dein Zuhause - vielleicht bin das ich.

Mein Soundtrack zum Text:
Tim Bendzko – Ohne zurück zu sehen

Something better than perfection

There is something better than perfection
and the very best is: YOU!
Saint Peter will call your name definitely
and one day I will call it, too!

Rätsel

"Die Linie, die man mit den Füssen zieht, um ins Museum zu gehen, ist bedeutender als die Linien, die im Museum ausgestellt sind."

Hier bekommt man zu jedem Glas Rotwein und zu jeder Melange (so heisst hier der Milchkaffee) immer auch ein Wasser. Bestellt man also 50 Rotwein und 50 Melange, so kriegt man automatisch auch.....?

Riesenrad

Die Aussicht war dort so wunderschön
doch die allerschönste Aussicht ist die, Dich wiederzusehn.

Mein Wunsch:
Im Riesenrad Konfetti auf Dich werfen
und mit Dir die Welt bestaunen...
Das allerschönste jedoch wäre:
Dir in Deine Augen schauen.

Und Du? Du hast gar keine Ahnung,
wie wunderschön Du bist.
Und anscheinend ist da niemand,
der Dir sagt, dass das so ist.

Und jeden Tag stell ich mir vor,
wie schön das für mich wär' -
Dir jeden Tag sagen: „Du bist wundervoll."
Und: „Ich mag Dich so sehr!"

Du bist schöner als der Schmetterling,
der seine eigenen Flügel nicht sieht
und, ganz ehrlich: Ich weiß selbst nicht,
was durch Dich mit mir geschieht...

Doch ich weiß, ich will das weiter fühlen,
jede Nacht und jeden Tag,
möchte Dir sagen und zeigen,
wie gerne ich Dich mag.

Du bist viel besser als perfekt, doch wirst das selbst niemals sehn.
Deshalb sollte da jemand Hand-in-Hand mit Dir gehn
und Dir das immer und immer und immer wieder sagen!
(Und Dich ab und zu mal auf Händen tragen.)

Meine Gefühle sind so stark, dass ich sie nicht ignorieren kann.
Und wer weiß, vielleicht erwiderst Du sie ja doch irgendwann.

Ich sehe, wie es schneit,
wie wenn weißes Konfetti vom Himmel fällt.
Das ist schön, und doch:
Das schönste auf der Welt
ist wie Du lachst
und anderen und Dir und mir
damit eine große Freude machst.
Ich glaub, Du hast gar keine Ahnung
wie glücklich Du mich machst.

Sag: Ob Dich unperfekt wie Du bist irgendjemand lieben kann,
fragst Du Dich das eigentlich auch ab und an?
Denkst Du darüber nach und zweifelst daran?
Ernsthaft jetzt? DANN SIEH MICH AN!
Das viel größere Rätsel für mich nämlich ist
wie jemand, der Dich sieht, wie Du bist
Dich NICHT lieben kann….
Was ich, je mehr ich von Dir sehe
umso weniger verstehe.

Ich könnte und würde Dir jeden Tag sagen,
wie wundervoll Du bist.
„Wirklich?" Würdest Du vielleicht fragen.
Ich würde nicken und hoffen, dass Du mich küsst.

Meine Gefühle sind so schön, dass ich sie nicht ignorieren will.
Solang Du nicht fühlst wie ich, genieß' ich sie still.

Deine Mundwinkel würde ich jetzt gern mit Küssen bedecken.
Vielleicht sollte ich diese Gefühle besser verstecken?
Doch es sind meine Gefühle… und ich mag sie so sehr.
Für nichts auf der Welt gäb' ich diese Gefühle her!

Von Dir geküsst zu werden wäre sooooo wunderbar....
Und was man sich bei Konfettischnuppen wünscht
wird eines Tages auch wahr!
Ich werde mit Dir Höhlen unter Bettdecken bauen
und dabei in Deine wunderschönen Augen schauen.
Ich weiß, ich bin ein Träumer, doch ich glaube daran
dass eine Prophezeiung auch selbsterfüllend sein kann.

Ich kann und werde Dir jeden Tag sagen,
wie wundervoll Du bist.
„Wirklich?" wirst Du dann vielleicht fragen.
Ich werde nicken und hoffen, dass Du mich küsst.

Meine Gefühle sind so wertvoll, dass ich sie nicht ignorieren werde,
um Dich einfach nur lächeln zu sehn fahr ich zur Not um die ganze Erde!

Ich weiß, das mag jetzt übertrieben klingen,
doch wenn Du anfängst zu singen
muss ich jedes Mal mit den Tränen ringen.
Es ist so wunderschön und keine zehn Pferde
können mich davon abbringen,
Dir zuzuhören.
Ich wünsche, dass ich eines Tages mit Dir singen werde
und wenn wir "one day" zusammen singen
wünsch' ich mir manchmal, die Zeit bliebe stehn.

Und Du? Du sagst, Du suchst die Liebe nicht mehr,
doch bald wird sie Dich finden.
Und weil nicht das Schicksal Dein Leben bestimmt
kannst Du Dein Blatt dann selbst wenden.

Du bist heute glücklich, ja, doch zum Royal Flush
da fehlt Dir doch noch eine Karte.
Wenn ich Dich heute lachen seh, dann weiß ich
warum ich auf Dich warte.

Du kannst Dir nehmen, was Du brauchst!
So nimm Dir doch den Herzkönig hinzu!
Ich wünsch mir so sehr, dass ich das bin
denn meine Herz Dame bist Du!

Ich zünde an mein Feuer und warte still auf Dich.
Und wenn ich ganz viel Glück hab, dann freust Du Dich
und siehst Du mich.

Du wünschst Dir, Du wüsstest, wohin Du gehörst
und genau das wünsche ich mir auch!
Denn ich bin felsenfest überzeugt: Du gehörst zu mir!
Dein Kopf gehört auf meinen Bauch,
Deine Hand gehört in meine,
Deine Gedanken in mein Ohr.
Ich gehör in Deine Träume!
Mir kommt das jedenfalls so vor…
Denn so, wie ich von Dir träume
möcht ich auch in Deinen Träumen sein.

Und gucken Dich auch tausend Menschen an
so sieht doch niemand Dich wie ich.
Warum ich all das tue und sage und schreibe, fragst Du?
Nun… […] […] … Ich liebe Dich!

Was wirklich schön ist

In den vergangenen zehn arbeitsfreien Tagen habe ich sehr viel Schönes gesehen und erlebt:

Bilderbuchlandschaften vor dem Zugfenster,
hohe Berge und Flüsse, so klar wie Kristall,
Kühe, die weiden und Pferde, die grasen.

Tiramisu essen und Mohren-Bräu trinken.
Der Zug schlängelt sich wieder durch malerische Landschaften, Wiesen mit Gänseblümchen und Löwenzahn.
Der Hund, der vor Freude springt und ins Wasser läuft, um ein Stöckchen zu holen.

Vom Schloßberg aus bei Tage die Aussicht genießen
und abends den Uhrturm und die Lichter der Stadt sehen.
Die Sterne im Saal betrachten und dann den Mond auf dem Berg.

An der Donau liegen, mir die Sonne auf den Bauch scheinen lassen, die Enten beobachten und den Ast, der im Wasser treibt. Das Flugzeug sehen und den Anruf bekommen, dass ich schon früher als gebucht im Hotel einchecken kann und die nette Dame auf dem Fahrrad, die mir den verlorenen Stadtplan zurückgibt.

Nach dem Roman-Happyend ausgeruht das Eichhörnchen am Hackersteigle beobachten. Der Ausblick vom Albblick.
Busse, die Elefanten oder Eichhörnchen in der Zielbeschilderung haben.

Eine herrliche 85minütige Schiffsfahrt (für weniger als 5 Franken). Staunen, wie ein unsichtbarer Stempel als Eintrittskarte funktionieren kann. Vom Balkon des Appartements O-Busse sehen.
Die nette coop-Verkäuferin, die mir die fehlenden Rappen Rabatt gibt.

Auf der Brücke an der Saar im Regen stehen,
staunend den Regenbogen betrachten und lächeln.
Am Ende (des Betrachtens) des Regenbogens tatsächlich (im übertragenen Sinne) einen Topf voll Gold finden.

Auf der A6 im Stau stehen, in voller Lautstärke 500 miles von den Proclaimers hören und merken, wie sehr das stimmt: "But I would walk fivehundred miles and I would walk fivehundred more just to be the man who walked a thousand miles to fall down at your door." Und auch das "da d-da da, da d-da da" fühlt sich stimmig an.

Und doch: Nichts von alledem war auch nur annähernd so schön wie Du. Ich sehe Dich vor mir, wie du dastehst, mit Lippenstift am Kinn, wahrscheinlich nachdem Du etwas getrunken hast.

Normalerweise mag ich roten Lippenstift überhaupt nicht. Und doch wünsche ich mir so sehr, auch ich hätte Spuren von Deinem Lippenstift am Kinn. Und auf der Stirn. Und am Hals.

Und ich weiß, wenn man sich etwas wirklich wünscht und wenn man ganz fest daran glaubt, dass es in Erfüllung geht, dann passiert das auch.

Ich geb Dir alle meine Wörter

Ich gebe Dir nicht nur mein Wort,
ich geb Dir alle meine Wörter!
Wenn Du sie heut nicht lesen willst,
dann heb sie Dir auf für später.

Und wenn Du liebe Worte brauchst,
dann kannst Du sie Dir nehmen.
Und sind sie einmal aufgebraucht,
schick ich Dir mehr davon...

Ich bin so sehr in Dich verliebt
hab Dich gesehen und gehört.
Deine Worte finden mich,
ich kann nichts dafür, weil es einfach passiert.

Vielleicht wär jetzt der Zeitpunkt
nicht mehr an Dich zu denken.
Doch allein schon den Versuch
kann ich mir tagtäglich schenken.

Ich seh uns beide in Gedanken
wie wir auf Wolke 14 schweben.
Einen Tag nicht an Dich zu denken
ist wie ohne Konfetti leben:

Theoretisch zwar möglich,
aber doch ziemlich doof.
Auch wenn Du mich nicht erhörst
mach ich Dir weiter den Hof.

Ich geb Dir nicht nur einen Kuss,
ich geb Dir alle meine Küsse!
Und ich schreib Dir diesen Brief,
weil ich Dich gerade sehr vermisse.

Und immer sehnt sich fort mein Herz
in Deine Richtung - himmelwärts.
Wenn Du singst, fühlt es sich wohl,
Stillleben ist sein Ruhepol.

Ob Norddeich oder Cottbus,
München oder Putbus,
in welches Bett in welcher Stadt
mein Leben mich verschlagen hat:

In Gedanken liegst Du neben mir,
und meine Gedanken sind ganz oft bei Dir.
Auch wenn Du heut meine Worte verschmähst,
weiß ich, dass Du mich eines Tages verstehst.

Und ich weiß, Du bist mein Traum.
Ich gebe meinen Träumen Raum
auch wenn ich ausgeschlafen hab:
Hope you're still here when I wake up.

Doch Du bist nicht nur mein Traum,
Du bist in allen meinen Träumen.
Momente, in denen ich Dich wirklich seh
will ich auf keinen Fall versäumen.

Und schlaf ich auch noch 14 Mal,
bevor ich Dich wiedersehe,
so werd ich heut nicht schlafen gehn,
bevor ich Dir gestehe:

Ich liebe Dich! - Ohne Dich je berührt zu haben,
ich weiß, ich bin verrückt.
Doch egal nach wieviel Wochen
bin ich noch heut von Dir verzückt.

Das schönste an Dir sind Deine Gedanken
und weist die Realität mich auch in meine Schranken:
Ich bin verliebt in die verrückte Welt
von Lustenau bis Bielefeld.

Was, wenn, "Ich bin verrückt"
nur ein anderer Ausdruck ist
für: "Ich habe erkannt
wie wunderwunderschön Du bist!"?

Mein Soundtrack zum Text:
Lions Head - When I Wake Up

Viel zu lang

Hab viel zu lang nichts mehr geschrieben,
Dich viel zu lang nicht mehr gesehn.
Wo sind die Tage nur geblieben?
Viel zu viel davon vergehn

ohne, dass ich Deine Stimme höre,
ohne zu wissen, wie's Dir geht,
und auch, wenn ich Dich nicht betöre,
will ich der sein, der Dich versteht.

Ich will alles von Dir wissen,
will Dein Gesicht sehn jeden Tag.
Und eines Tags will ich Dich küssen,
weil ich Dich sehr sehr gerne mag!

Du hast meinen Verstand verführt
mit jedem Wort, das zu mir fand.
Das, was Du sagst, hat mich berührt.
Wann berührt mich Deine Hand?

Ich vermisse diese Tage,
vermiss' zu hören, was Du denkst,
was Du sagst zu jeder Frage
und ich vermiss' es, wie Du singst!

Hurry up, we're dreaming

Listen to the music. Dream.
Listen to the music! Dream with me!
Maybe you know what I mean, don't you?

The Intro is over, first song starts.
Impossible not to think about you.
Cause it's part of YOUR Intro...
Makes me feel I will see you soon... :)

Wait.
Wait for you.
Listen to the music and wait for you.
You don't have to hurry,
because you've got enough time always.
I'm still here waiting for you.

Did you hear about this frog?
If you find it and if you touch it
Your world can change forever.
Everything looks like a giant cupcake
And you keep laughing, and laughing, and laughing
Nothing is quite the same really.
What if I am the frog you should find and touch and kiss?

When will you come home?
What if I am your home and
you're only traveling so far?
When will you come home?
Soon, my friend
I'll be yours

"I take your hand, and the city is slowly vanishing.
There's no crowd anymore, no cars, no signals.
But in the middle of the road, a purple and mellow shape is floating.
The shape of our mutual dream.
Stay calm, hold me tight, give it a chance to take us away."
What if I am the one who should take your hand?

The only thing that's better than dreaming of you
is dreaming with you.
Hurry up, we're dreaming!

My album for the text:
M 83 – Hurry up, we're dreaming

Die Froschkönigin
aus der Reihe: 'Erzähl mir eine Geschichte!'

Ich mag die Musik von M83.
Und ich mag es zu träumen.
Ich mag Märchen. Und ich mag Geschichten, die anders ausgehen, als man das erwartet. So wie bei Shrek und Fiona zum Beispiel.

Ich habe von diesem Frosch gehört. Es ist ein sehr, sehr kleiner Frosch, aber er ist auch sehr besonders. Du kannst ihn nur im Dschungel finden, ganz weit weg von hier. Aber wenn Du ihn findest und wenn Du ihn berührst, dann kann sich Deine Welt für immer verändern!

Vielleicht erwartest Du jetzt das klassische Froschkönig-Märchen: Du küsst den Frosch und 'poff' wird er zum starken, gutaussehenden, traumhaften Märchenprinzen mit Traumschloss. Doch was wäre, wenn alles anders wär?

Was wäre, wenn sich auf einmal DEIN Körper verändert und auch Dein Blick, und Du wirst zur Froschkönigin?

"Its very funny to be a frog
You can dive into the water
And cross the rivers, and the oceans
And you can jump all the time, and everywhere.
Jumping into the streets
Jumping into the planets
Climbing buildings
Swimming in the lakes, and in the bathtubs
We would be hundreds, thousands, millions
The biggest group of friends the world has ever seen"

Ich mag diese Vorstellung: "Jumping and laughing... forever".
Denn mir ist pupsegal, wer oder was oder wo wir sind: Wichtig ist mir, dass wir wir sind.
Du bist Du.
Ich bin Ich.
Und wir sind wir, weil wir zusammen sind.
Wenn Du eine Froschkönigin bist, will ich Dein Froschkönig sein.
Wenn Du ein Sittich bist und fliegst hoch im Wind, dann will ich, dass wir beide Sittiche sind.
Wenn Du eine Muschel bist, will ich der Strand sein, in den Du Dich einkuschelst.
Wenn Du Fiona bist, dann will ich Shrek sein.
Wenn Du Julia bist, dann will ich Romeo sein.
Und wenn Du Du bist, dann will ich ich sein, weil ich Dich liebe.

Natürlich wäre es schade, wenn Du Dich in einen Frosch verwandelst, weil Du wunderschön bist, so wie Du bist: Deine Augen, Dein Gesicht, Deine Stimme und einfach alles an Dir. Du könntest ohne weiteres als Model arbeiten. Doch all die Äußerlichkeiten sind nicht das, was Deine Schönheit auszeichnet: Deine ganze Art ist einfach bezaubernd und das Schönste an Dir sind Deine Gedanken. Wenn Du diese Art und diese Gedanken behalten würdest, dann wärest Du ohne Zweifel auch die schönste Froschkönigin der Welt. Oder der schönste Sittich. Oder die allerschönste Muschel, die man für immer bei sich tragen möchte. In keinem Fall wärest Du perfekt, nicht als Frosch, nicht als Sittich und auch nicht als Muschel. Aber in jedem Fall wärest Du viel, viel besser als perfekt, so wie Du es als Mensch ja auch bist.

Just The Way You Are

"Wenn ich in Dein Gesicht sehe,
dann gibt es absolut nichts, was ich daran ändern würde,
weil Du wundervoll bist,
ganz genau so, wie Du bist.

Und wenn Du lächelst,
dann bleibt die ganze Welt einen Moment lang stehen und beobachtet Dich,
weil Du wundervoll bist,
ganz genau so, wie Du bist."

Als ich diesen Song gestern Morgen im Radio gehört habe, musste ich sofort an Dich denken, weil einfach jedes einzelne Wort passt. Du bist so unglaublich schön: Deine Augen, Deine Stirn, Deine Haare, Dein Mund, Deine unglaublich schöne Stimme... Und Dein Lächeln - ich liebe Dein Lächeln! Ich muss sofort mitlächeln, wenn ich es sehe. Und Du? Du sagst, Du wärst manchmal gern schöner, dabei bist Du die schönste Frau auf der Welt.

Es ist jetzt ziemlich genau drei Jahre her, dass ich mich in Dich verliebt habe. Und ich weiß, es ist verrückt, drei Jahre lang jemanden zu lieben, der diese Gefühle nicht erwidert. Ich meine, ich war schon oft unglücklich verliebt: Immer habe ich gesagt: Die soll es sein, die oder keine! Und wenn dann die zweite Möglichkeit daraus geworden ist, dann war ich eine Zeit lang traurig und unglücklich und irgendwann schlich sich eine andere in mein Herz.

Bei Dir ist alles anders. Und ich weiß gar nicht genau, ob das an Dir liegt, oder ob ich selbst mich einfach weiterentwickelt habe - aber auch an den Tagen, an denen ich feststellen musste, dass Du mich noch nicht liebst, war ich niemals unglücklich.

Natürlich, sonderlich begeistert war ich auch nicht, wenn ich erfahren habe, dass Du in irgendeinen Idioten verliebt warst, der nicht mal Deine Hand halten will. Aber da war niemals diese Art von resignierender Traurigkeit wie früher, wo ich manches Mal meine Faust mit aller Kraft gegen die Wand geschlagen habe.

Es stimmt auch nicht, dass ich mich in diesen drei Jahren nicht wieder neu verliebt hätte. Im Gegenteil, ich habe mich oft verliebt in dieser Zeit. Der Haken ist: Jedes Mal wieder neu in Dich! Es gab einige Tage, an denen ich gemerkt habe: Wenn ich Dich nicht schon längst lieben würde, dann hätte ich heute damit angefangen. Zum Beispiel vor fünf Tagen.

Und Du? Du sagst, Du hättest keine Schokoladenseite. Vielleicht stimmt das sogar: Es gibt da nicht eine Seite, die mit einer zuckrig süßen Schicht überzogen ist, und alles andere ist trocken. Du hast keine Schokoladenseite, weil nämlich ALLE Seiten von Dir wunderschön sind!

Heute hätte ich so gerne mit Dir gefrühstückt! - Doch ich war nicht eingeladen.
Heute Abend hätte ich so gerne eine Reise zu den Sternen mit Dir gemacht! - Doch die Karten dafür waren schon alle ausverkauft. Und so bin ich heute zu Hause geblieben und habe mein Schlafdefizit der letzten Tage ausgeglichen.
Doch auch, wenn ich Dich heute nicht live und in Echt und in Farbe sehen konnte, so konnte ich wenigstens ein paar alte Bilder betrachten und an Dich denken. Dafür bin ich sehr dankbar.

Dinge werden wahr, wenn man sie oft genug sagt, und deshalb weiß ich: Eines Tages werde ich meine Arme um Dich legen und Dich küssen.

Mein Soundtrack zum Text:
Bruno Mars - Just The Way You Are

Kein Ort auf der Welt, wo ich jetzt lieber wär

Noch nie war ich so sicher, wo ich hinwill.
Noch nie war ich so unsicher, welcher Weg mich dorthin bringt.
Noch nie hatte ich so viel Angst, etwas falsch zu machen.
Und während Du in meinem Kopf einen kleinen Walzer tanzt,
genieße ich mein Frühstück und den Ausblick vom höchsten Turm der Stadt.
Keinen Ort gibt es auf dieser Welt, wo ich jetzt lieber wäre.

Warum bist Du hier?

Warum bist Du hier?

Diese Frage begegnete mir letzte Woche in einem Buch, und so habe ich sie mir gestellt: Warum bin ich hier?

Also, nicht jetzt im Moment, hier in der Badewanne, sondern eher so generell: Warum bin ich auf der Welt, was ist mein "Zweck der Existenz"? Ich habe mir diese Frage schon öfter gestellt, aber es tut gut, dass immer mal wieder aufzufrischen.

Auch wenn ich in unangenehmen Situationen bin, auf der Arbeit, aber auch in der Freizeit, stelle ich mir selbst manchmal diese Frage: Warum machst Du das eigentlich? In den meisten Fällen erkenne ich dann: "Ach ja, weil mir der Job sonst fast immer Spaß macht", oder "ach ja, weil ich dies oder jenes gerne mache, und da gehört das nun mal dazu". Dadurch wird dann die Situation augenblicklich viel leichter zu ertragen, wenn ich feststelle: "Ja, ich will das so" und meinen "Zweck der Existenz" dahinter erkenne.

Natürlich nicht immer, und viele mir unangenehme Tätigkeiten habe ich im Laufe der Jahre auch erfolgreich eliminiert oder outgesourct: Warum sollte ich zum Beispiel meine Zeit damit vergeuden, Hemden zu waschen und zu bügeln, wenn ich auch einfach eine Stunde Bus fahren kann. Das macht mir viel mehr Spaß und von dem Geld kann ich mir den Luxus leisten, mir die Hemden ganz einfach gereinigt und gebügelt wieder abzuholen. In diesem Zusammenhang kann ich auch das Buch "Dinge geregelt kriegen ohne einen Funken Selbstdisziplin" von Kathrin Passig und Sascha Lobo empfehlen, das hat mich auf meinem Kurs nochmal sehr bestätigt.

Die Eingangsfrage betrachtend habe ich dann also festgestellt, dass ich glaube, die Antwort auf diese Frage zu kennen. Und damit hätte ich dann zwei von drei großen Schritten bereits getan:

Den ersten Schritt, mir überhaupt diese Frage selber zu stellen und den zweiten Schritt, die Antwort zu finden. Immerhin schon zwei Drittel, eigentlich schon nicht schlecht. Fehlt nur noch der dritte Schritt: Jeden Tag danach zu leben. Aber hier tut sich eine weitere, viel schwierigere Frage auf: Wie geht das?

Ich meine, ich versuche das, und im Großen und Ganzen denke ich auch, dass ich im Rahmen meiner Möglichkeiten das ganz gut hinkriege. Aber ich habe Angst, etwas falsch zu machen. Zu wenig dafür zu machen. Zu viel und zu verbissen daran zu gehen. Zu viel nachzudenken. Oder zu wenig nachzudenken. Ich weiß es einfach nicht.

Denn runtergebrochen lautet meine Antwort auf die Frage "Warum bin ich hier": Um Dich zu küssen.

Ich meine, es gibt natürlich noch viele andere Dinge auf der Welt, die mir wichtig sind und die mein Leben lebenswert machen: Jetzt in der Badewanne zu liegen, nachher mit guten Freunden zu feiern oder morgen Bus zu fahren zum Beispiel. Und ich weiß auch gar nicht ganz genau, was mich erwartet, schließlich habe ich Dich noch nie geküsst. Trotzdem bin ich mir sicher, dass es das ist, was ich will.

Immer, wenn ich rotes Konfetti sehe, wünsche ich mir, dass ich Dich küssen darf, und immer, wenn ich blaues Konfetti sehe, wünsche ich mir, dass Du mich küsst. Vielleicht sollte ich Dir das gar nicht verraten. Nicht, weil man nicht sagen darf, was man sich wünscht, die Regel gilt bei Konfettiwünschen nicht. Aber vielleicht ist es nicht gut, gleich so schweres Geschütz aufzufahren...

Vielleicht reden wir einfach über Dich: Warum bist Du hier? Welche Gedanken hast Du Dir dazu gemacht? Das würde ich sehr gerne wissen.

Wann treffen wir uns in einem Café? Der Ort ist ganz egal, ob in Volpriehausen, Hannover, Bremen, Timbuktu oder am Rande der Welt, das darfst Du Dir gerne aussuchen. Wichtig ist nur, dass Du da bist (, denn immer, wenn ich Dich sehe, ist mein Herz voller Konfetti).

Also: Wann treffen wir uns?

Labyrinth zum Glück

Letzte Woche bin ich eher zufällig im "Labyrinth zum Glück" gelandet. Dort habe ich gelernt, dass der Elefant ein uraltes Symbol für Liebe, Familie und Freundschaft ist und bin der Frage begegnet: "Ist auch für Sie die Familie eine Quelle des Glücks?"

Nun ist es so, wenn ich "Familie" höre, dass ich zuerst an meine Eltern denke, obwohl ich schon längst eine eigene Familie haben könnte. Allerdings ist mir Familie sehr wichtig, nahezu heilig. Wichtig ist mir nicht, jetzt schnell eine Familie zu gründen, nur um eine zu haben. Ich möchte eine Familie mit der Frau, die ich liebe. Und ich bin mir sicher, das wäre ohne Zweifel eine "Quelle des Glücks".

Manchmal komme ich mir vor, wie ein kleines Mädchen, das einen Jungen mag und sagt: "Dich werde ich mal heiraten!" und sich durch nichts auf der Welt von ihrer Überzeugung abbringen lässt. Egal wie verrückt das ist, ich warte auf Dich. Und auf-Dich-warten ist etwas, was ich sehr gerne tue.

Allerdings ist mir letzte Woche noch ein anderer Satz begegnet: "Grüner wirds nicht". Die Frage "Was hast Du nicht, was Du zu Deinem Glück brauchst?" ist einfach zu beantworten: Dich. Bei der Frage "Was tust Du, um es zu bekommen?" wird es schon schwieriger.

Am liebsten würde ich jetzt ein Eis mit Dir essen und mit Dir schwimmen gehen. Doch dafür brauche ich - Dich. Ich will Dich nicht bedrängen und ich weiß, ich kann das nicht erzwingen. Also - was kann ich tun, um es zu bekommen? Ich habe keine Ahnung.

Es gibt kein Patentrezept was die Liebe angeht - und das ist gut so! Biologische und chemische Erklärungen sind meist sehr unromantisch und wenn es also ein Lehrbuch mit Formeln gäbe, wie ich Dein Herz erobern kann, so möchte ich das gar nicht wissen.

Ich mag dieses Gefühl, dass Du in mir auslöst, dieses Gefühl, wenn ich Dein Lächeln sehe oder auch nur an Dich denke. Doch so schön wie das auch ist - ich möchte nicht immer nur an Dich denken. Ich möchte auch mit Dir ins Kino gehen.

Und so stelle sich mir heute die Frage: Was kann ich tun, damit Du "Ich - Einfach unverbesserlich 3" mit mir zusammen anguckst?

Plan für morgen

23:00 Uhr. Die letzte Stunde des Tages ist angebrochen. "Was machst Du gerade, Jens?" fragt mich Facebook. Ich mache mir Gedanken. "Was ist zu tun und was davon möchte ich heute tun?" fragt mich der Zettel von dem Jungbrunnen. Da "heute" nur noch 57 Minuten dauert beziehe ich die Frage auch auf morgen und muss feststellen: Ich weiß es einfach nicht.

Ich meine, nicht dass es da nicht genügend Dinge gäbe, die zu tun wären und mit denen ich locker die nächsten 96 Stunden füllen könnte. Viele Dinge davon würden mir sogar Spaß machen. Und doch, je mehr ich darüber nachdenke, umso mehr würde ich sie als "unwichtiges Zeugs" einstufen. Warum? Weil sie nichts mit Dir zu tun haben.

Denn am allerliebsten würde ich jetzt packen,
nur die wichtigsten Sachen,
alles hinter mir lassen,
mal mit Abstand betrachten.
Ich will heute Abend schon
an einem Strand übernachten,
und dann will ich lachen,
bis ich Bauchschmerzen hab.

Und ich könnte das sogar tun, denn ich hab morgen frei und noch nichts konkretes vor. Aber es würde keinen Sinn machen, solange Du nicht mitkommst.

23:17 Uhr. Zum xten Mal höre ich jetzt "What Can I Do To Make You Love Me" von The Corrs, weil das die Frage ist, die ich mir immer und immer wieder stelle. Ich könnte mich jetzt unter Deinen Balkon stellen und Dir ein Liebeslied singen. Allerdings gibt es da zwei Probleme:

Problem eins: Ich weiß nicht, wo Dein Balkon ist. Das ist das kleinere Problem, das ließe sich wohl irgendwie herausfinden.

Problem zwei: Ich will Dich nicht bedrängen. Egal, wie romantisch das klingt, egal, wie ehrlich ich es auch meine: Eine Liebeserklärung, die sich Dir aufdrängt, wäre kontraproduktiv.

23:30 Uhr. Die Gedanken sind jetzt einmal im Kreis gewandert. Eine halbe Stunde überlegt und doch keinen Schritt weiter. Und doch war das die schönste und sinnvollste halbe Stunde des Tages: Weil ich an Dich gedacht hab.

Der vorläufige Plan für morgen: Ausschlafen, frühstücken und die Dinge auf mich zukommen lassen. Mindestens eine halbe Stunde aber werde ich morgen für etwas sehr Wichtiges nutzen: Mindestens eine halbe Stunde werde ich morgen an Dich denken. Vielleicht kommt mir ja morgen eine gute Idee.

Ich habe Heimweh - obwohl ich noch nie zu Hause war

Da liege ich nun, im Bett zwischen den zwei Nachtschichten, und lese diese Zeilen. Dieser Rhythmus und das Vielleicht erinnern mich an ein Lied, doch ich weiß nicht welches. Und plötzlich finde ich mich in einem Strudel aus Gedanken, ein Potpourri der Gefühle übermannt mich, eine Mischung aus Nostalgie, Melancholie - und Heimweh.

Da sind so viele Gedanken auf einmal, an Schönes, an Trauriges, an Vergangenes und Kommendes... Auf der Suche nach diesem Lied finde ich viele schöne Lieder, denke an Zimmermänner, an Sommermorgen, an die Kinder von Izieu, an Herbstgewitter über Dächern. Ich finde viele schöne Lieder, doch es ist, wie so oft, wenn ich etwas suche: Ich finde tausend Sachen, nur das was ich suche, das finde ich nicht.

Da liege ich nun in der Badewanne, höre Unheilig und denke nach: Übers Verreisen und Ankommen. Ich verreise sehr gerne, gleich "verreise" ich nach Berlin und bekomme sogar noch Geld dafür. Und doch möchte ich so gern endlich zu Hause ankommen. Aber zu Hause ankommen bedeutet ja nicht, dass ich mit dem Verreisen aufhören muss.

Ich gebe es auf, das Lied zu suchen, an dass mich die Zeilen erinnern. Vielleicht finde ich es später, vielleicht existiert es auch gar nicht und es kommt mir nur so vor, weil mir die Zeilen so vertraut erscheinen.

Noch einmal lese ich jetzt Deine Gedanken und wünsche mir so sehr, ich könnte jetzt Deine Gedanken lesen. Und obwohl ich nur still hier liege und schreibe, wünsche ich mir doch, dass das bereits Teil meiner Heimreise ist.

Ich wünsche mir, schon bald zu Hause anzukommen. Und ich wünsche mir, dass Du mein zu Hause bist.

Ich habe gewählt

Ich habe heute gewählt! :)

Also, damit meine ich nicht, ich habe zwei Kreuzchen gemacht. Das habe ich auch, allerdings schon am Freitag, weil ich heute aus Oberstdorf zurückgekommen bin, da hätte ich das sonst nicht mehr geschafft. Dafür bin ich Freitag extra früh aufgestanden!!! (Schon um elf Uhr morgens!!)

Die Kreuzchen hab ich relativ weit links gemacht. Also im übertragenen Sinne, objektiv gesehen hab ich eins links und eins rechts gemacht, wegen der zwei Stimmen, ihr wisst schon. Jedenfalls bin ich froh, dass ich mein Kreuz nicht bei der SPD gemacht hab, denn ich finde, was der Herr Schulz da bei der "Elefantenrunde" von sich gegeben hat, war mehr als peinlich.

Und wegen dieser neuen Partei im Bundestag: Ich finde das nicht toll. Aber ich konzentriere mich lieber auf die Dinge, FÜR die ich bin, als auf die, GEGEN die ich bin. Ich meine, wenn ich beim Bus- oder Autofahren ständig denke "Oh mein Gott, ich darf auf keinen Fall gegen einen Baum fahren" ist die Chance relativ hoch, dass ich gegen einen Baum fahre. Einfach, weil ich meinen Fokus so sehr auf den Baum richte. Jemanden vergessen zu wollen, heißt, an ihn zu denken. Versteht ihr, was ich meine? Ich finde es immer besser, an Dinge zu denken und darüber zu sprechen und dann auch zu tun, die man will (und nicht an die, die man NICHT will).

Jedenfalls, was diese zwei Kreuzchen betrifft, gab es für mich eigentlich nur zwei wählbare Parteien: Die einzige Partei, die sich klipp und klar gegen Krieg als Mittel der Politik ausspricht, und die PARTEI. Und schon bevor ich dies schrieb, wurde mir bewusst, dass es paradox ist, sich mit meiner oben geschilderten Auffassung hauptsächlich deshalb für eine Partei zu entscheiden, weil sie GEGEN etwas ist, aber manches im Leben ist nun mal paradox. Und obwohl ich Serdar Somuncu durchaus für einen guten Bundeskanzler halten würde, habe ich mich am Freitag dann doch für die ernsthafte Alternative entschieden. (Wobei ich finde, dass viele Humoristen / Kabarettisten / Comedians bessere politische Ansichten haben, als so mancher Politiker...)

Aber wie gesagt, all dieses politische Krams meine ich nicht, wenn ich sage: Ich habe heute gewählt! Was ich meine, ist, ich habe heute DICH gewählt. Mal wieder. Immer noch. Einmal mehr, aufs Neue. Alternativlos. Ich habe gewählt, an Dich zu denken. Ich habe gewählt, Dein Bild anzusehen und deshalb zu lächeln. Ich habe gewählt, mich sehr zu freuen, Dich hoffentlich bald wiederzusehen.

Vielleicht klingt das komisch in dem Zusammenhang: Ich habe gewählt! Denn es geht ja um ein Gefühl, und dieses Gefühl habe ich mir nicht ausgesucht, es war irgendwann einfach da. Aber nun gibt es Gefühle, auf die ich nicht unbedingt stolz bin, die aber trotzdem zu mir gehören, die ich somit auch akzeptiere, aber die ich nicht unbedingt vertiefen, geschweige denn ausleben möchte.

Die Gefühle, die ich für Dich empfinde, möchte ich aber ausleben! Ich möchte mehr davon, viel mehr, ich mag diese Gefühle, ja, ich liebe sie! Ich möchte baden darin! Ich mag es so sehr, an Dich zu denken, ich mag es, Dich zu hören und zu sehen.

Ich möchte mich so so so gerne mit Dir austauschen. Ich habe das Gefühl, Dich zu verstehen und wünsche mir so sehr, Du könntest mich verstehen. Ich glaube, mit Dir würde ich mich viel weniger alleine fühlen und ich wünsche mir, ich könnte dieses Gefühl auch in Dir auslösen. Wie gern würde ich jetzt in diesem Moment in Deine Augen sehen und Deine Hand halten!

Immer wieder denke ich, Du bist wie der Schmetterling, der seine eigenen Flügel niemals sehen kann: So wunderwunderschön und doch selbst nie in der Lage, das zu sehen... Ich möchte der Mann sein, der neben Dir liegt, und Dir ins Ohr flüstert: Du bist viel besser als perfekt! Ja, in meinen kühnsten Träumen bin ich sogar der Mann, der Dich küsst.

Das ist die Wahl, die ich heute getroffen habe. Wie bei der Kreuzchen-Wahl, werde ich heute noch nicht erfahren, wie es ausgeht. Ob ich mit meiner Entscheidung richtig liege oder völlig daneben. Vielleicht weiß ich es in vier Jahren. Mein Gefühl jedenfalls sagt mir: Ich habe alles richtig gemacht. Und die Träne auf meiner Wange sagt das auch. Und so freue ich mich sehr auf die Zeit, die da kommt.

So, das mit der Wahl habe ich also erledigt. Da fällt mir ein: Morgen muss ich noch zur Bank!

San Francisco

"Manchmal wären wir gerne anders,
doch das hat niemals einen Zweck.
Jeder ist auf seine Weise
gut genug und auch perfekt."

Das stimmt absolut, und je mehr ich darüber nachdenke, umso mehr stelle ich fest: Ich möchte niemand anders sein. Ich möchte keine meiner Erfahrungen missen, keine meiner Erinnerungen und vor allem keines meiner Gefühle.

Und Du? Du wünschst Dir manchmal, perfekt zu sein,
dabei bist Du schon jetzt so viel besser als perfekt!

Manchmal wären wir gern woanders,
ein Gefühl, dass wohl jeder kennt.
Mein Herz will unbedingt dorthin!
Das ist wohl, was man "Sehnsucht" nennt.

Wenn ich die letzte Nacht(-schicht) Revue passieren lasse, dann stelle ich fest: Ich mag das! Ich mag mein Leben, wie es ist, ich mag meine Arbeit, ich mag meine neue Kollegin, ich mag das Hotel in Wiesbaden mit der netten Dame an der Rezeption und ich mag es, wenn sich meine Fahrgäste beim Aussteigen für die schöne Fahrt bedanken, obwohl wir ihnen mal wieder eine ganze Menge zugemutet haben.

Und doch wäre ich jetzt lieber woanders. Ich meine, ich bin gern unterwegs zwischen Westerland und Oberstdorf, doch meine Gedanken tragen mich jetzt von Berlin über Hannover nach Echter-nach noch weiter westlich, immer weiter, über den Ozean und weiter bis ganz an die Westküste.

Meine Gedanken tragen mich immer weiter fort,
wie gern wär ich jetzt nur an diesem Ort!

Doch in mir wurde nicht die Reiselust geweckt,
es ist die Sehnsucht nach Dir, die dahinter steckt...

Wie mag es wohl sein, dort, wo ich noch nie war?
Trägst Du jetzt Blumen, eine Fliege oder Konfetti im Haar?

Geht's Dir gut? Hast Du dort nette Menschen getroffen?
So viele Fragen bleiben heut offen...

Ich mag es (nicht), Dich so sehr zu vermissen,
viel lieber würde ich Dich jetzt sofort ....

Mag sein, dass ich weiter davon entfernt bin, als Hardegsen von San Francisco. Doch ich weiß ganz genau, dass das der Ort ist, wo ich hingehöre: Der Platz an Deiner Seite!

Mag sein, dass ich noch meilenweit entfernt bin, doch ich werde weitergehen und laufen und staunen und stehen und zur Not dorthin schwimmen!

Und so liege ich lächelnd in der Badewanne und denke: Nur noch 41-mal schlafen! Am zweiundvierzigsten Tag werd ich glaub ich denk ich sehr glücklich sein! 42 - Das macht Sinn! :)

Mein Soundtrack zum Text:
Scott McKenzie - San Francisco

Wann ist die Zeit reif?

Um zu sehen, ob ein Apfel reif ist, gibt es die Kipp-Probe, für Bananen gibt es Reifetabellen, doch woran erkennt man, ob die Zeit reif ist??

Ich steh' in meinen Startlöchern bereit,
doch worauf warte ich die ganze Zeit?
Ich hoff' schon viel zu lang auf den Moment,
weiß nicht, woran man den erkennt.
Er ist mir näher als ich denk...

Oder ist er doch noch weit entfernt?
Alles hat seine Zeit und manchmal lohnt es sich,
auf den Moment zu warten.
Ich finde es zum Beispiel schrecklich, dass jetzt schon Lebkuchen und Spekulatius in den Regalen stehen:
Die Zeit dafür ist im Advent. Und wenn ich den Apfel pflücke, bevor er reif ist, dann schmeckt er nicht.

Vielleicht gehe ich schon jetzt viel zu weit. Ich will nicht nerven. Ich will ansprechend sein, wenn ich Dich anspreche.
Aber soll ich nun den Rest meines Lebens warten, bis ich versehentlich Orangensaft verschütte? Weiter ewig auf den Startschuss warten? Doch was, wenn ich nur den Schuss nicht gehört habe?

Ich stell mir vor, ich mach es wirklich - und diese Vorstellung gefällt mir. So liege ich nun in der Badewanne, frage mich "What can I do to make you love me" und warte - auf die nächste Vorstellung.

Auf Deiner Bühne

Es ist jetzt Sonntag früh, 6:52, ich liege im Bett und kann nicht schlafen. Nicht, weil es ein Hotelbett ist, es ist trotzdem sehr bequem. Doch die Gedanken kreisen in meinem Kopf und lassen mir keine Ruh.

So setze ich mich einen Augenblick ans Fenster und genieße diesen wunderbaren Ausblick auf die Lichter der Stadt und lasse den Abend Revue passieren.

Noch nie hat mir Kaffee so gut geschmeckt! Der Wein natürlich auch... Und obwohl ich gestern Abend so viele so schöne Lieder gehört habe, geht mir ein Lied nicht aus dem Kopf, dass mir letzte Woche zum ersten Mal begegnet ist:

Ich will nur auf Deiner Bühne stehn
und unsre Lieder singen
und nur Du sitzt vor mir und hörst zu.

Ich will nur auf Deiner Bühne stehn
und leere Stühle seh'n
denn das Publikum, das bist Du.

Denn genau so geht es mir jetzt:
Ich liege hier und schicke diese Zeilen hinaus in die Welt, doch viel lieber wäre mir, Du lägest neben mir und ich könnte sie Dir ins Ohr flüstern. Kühne Gedanken für jemanden, der kaum zwei gerade Sätze hinausgestottert bekommt, wenn Du tatsächlich vor mir stehst.

Und Du? Du warst in Geburtstagsfeierlaune, kein Wunder auf einer so schönen Geburtstagsfeier. Doch dann höre ich, wie Du Dich fragst, wie jemand "Ich liebe Dich" zu Dir sagen kann, der Dich gar nicht richtig kennt und ob dieser jemand dann nicht viel zu hohe Erwartungen an Dich hat, die Du nicht erfüllen kannst.

Das ist Quatsch, denn wenn man jemanden wirklich liebt, dann hat man keine Erwartungen, die der andere erfüllen muss, sondern kann es kaum erwarten, alles von ihm kennenzulernen.

Nun kann ich nur für mich sprechen und ich fürchte, dass nicht ich gemeint war. Trotzdem will ich sagen: Ich liebe Dich! Und ja, natürlich, da Du mir bislang fast ausschließlich auf Geburtstagsfeiern oder ähnlichem begegnet bist, ist mir immer eine gutgelaunte, fröhliche, starke Frau begegnet.

Doch wenn man Dir genau zuhört, und ich höre Dir sehr sehr sehr gerne sehr sehr lange sehr genau zu, dann ahnt man schon, dass Du auch schlechte Tage hast, an denen Du Dich schwach fühlst.

Als es Dir damals so schlecht ging, dass Du sogar in die Klinik musstest, habe ich das zufällig erfahren. Ich lief tagelang rum wie Falschgeld, musste ständig an Dich denken, und hielt es keine hundert Stunden aus, nicht zu wissen, wie es Dir geht und nichts tun zu können.

Also fuhr ich in Deine Stadt, kaufte mir einen Blumenstrauß und klapperte alle Kliniken ab. Ich wusste, ich hatte kein Recht, Dich zu besuchen, wir kennen uns ja kaum und ich wollte Dich keinesfalls noch zusätzlich nerven.

Aber ich dachte, vielleicht freust Du Dich, wenn Du Blumen bekommst und vielleicht erfahre ich wenigstens ein kleines bisschen mehr, wie es Dir geht. Ich hätte mir damals die Hand abgehackt, wenn ich dafür mit der anderen Deine hätte halten dürfen.

Etliche Male hörte ich beim Pförtner: "Die ist hier nicht." Dann, als ich schon dachte, hier bist Du bestimmt falsch, hieß es auf einmal: Vorletzter Stock, da ist der Fahrstuhl.

Oben erfuhr ich dann, dass Du schon wieder entlassen bist, deutete das als Zeichen, dass es Dir schon wieder besser geht und fuhr beruhigt wieder nach Hause.

Was ich damit nur sagen will: Du bist auf jeden Fall ein Schatz!

Mein Soundtrack zum Text:
Mister Me - Auf Deiner Bühne

Der Rheinfall

Bahnfahrt gestern: Zweieinhalb Stunden stehen. Doch angesichts dessen, dass immer noch viele Strecken und Züge durch umgestürzte Bäume blockiert sind, war ich froh, dass überhaupt ein Zug fuhr. Lieber im Zug stehen als im Stau... ;) Platz ist in der kleinsten Hütte, und so rückten wir alle für den netten Herrn im Rollstuhl noch etwas dichter zusammen. Und mit dem Ziel vor Augen und schöner Musik auf den Ohren gab es trotz aller Widrigkeiten auch schöne Momente.

Bahnfahrt heute: Gemütlicher Fensterplatz. Und doch, trotz aller Annehmlichkeiten, für einen Moment ein Rheinfall...

Ich will

Ich will Dir zuhören, ohne über Dich zu urteilen.

Ich will Dir meine Meinung sagen, ohne Dir Ratschläge zu erteilen.

Ich will Dir helfen, ohne für Dich zu entscheiden.

Ich will Dich sehen, ohne mich in Dir zu sehen.

Ich will Dich umarmen, ohne Dir die Luft zum Atmen zu nehmen.

Ich will Dir Mut machen, ohne Dich zu bedrängen.

Ich will Dich halten ohne Dich festzuhalten.

Ich will Dich beschützen, aufrichtig.

Ich will mich Dir nähern, doch nicht als Eindringling.

Ich will alles kennen, was mir an Dir missfällt (was aber wahrscheinlich nicht viel ist).

Das will ich akzeptieren, ohne zu versuchen, es zu ändern.

(nach Jorge Bucay)

Momentan bin ich bei dem Punkt "Ich will mich Dir nähern, doch nicht als Eindringling." Keine Ahnung, wie ich das schaffen soll.

Für Merlin, den schusseligen Zauberer

Mag sein, Dein Urururgroßvater war besser -
im Tricksen und im Täuschen!
Denn das ist, was „Magie"
im Allgemeinen wohl bedeutet.

Dein Zauber, der ist anders,
Dein Zauber, der ist echt!
Und viele Menschen meinen wohl,
das wäre deshalb schlecht.

Sie sind den faulen Zaubern
so sehr schon ergeben,
dass sie mit Spott und Häme
den Tag nur überleben.

Doch das hat nichts mit Dir zu tun,
zeigt nur, wie sie selber denken!
Damit Du siehst, wie ich das seh,
werd ich Dir meine Gedanken schenken!

Auch wenn Du das gar nicht wolltest,
so ist es doch passiert:
Dein Zauber hat mich tief
in meinem Innersten berührt.

Und deshalb, bitte, Merlin, bitte, hör mir zu!
Noch in meinem Leben hat mich jemand
verzaubert so wie Du!

Noch nie in meinem Leben
wurde ich so tief berührt!
Noch nie in meinem Leben
habe ich so was gespürt!

Also, klar war ich vorher schon mal verzaubert,
doch nicht in der Intensität.
Oh Merlin, bitte glaube mir:
Liebe kommt nie zu spät!

Für die Liebe ist es nie zu spät!
Sie kommt immer wie gerufen.
Ich klettere den Berg hinauf
und nehm die letzten Stufen…

Wie Du von Deinem Scheitern sprichst,
das hat mich sehr berührt!
Und hat mich diesen weiten Weg
zu Dir hinaufgeführt.

Mein Herz, es schlägt mir bis zum Hals,
ich trau mich nicht, zu klopfen.
Ich könnte umdrehen und weiter
auf den rechten Zeitpunkt hoffen.

Poch-poch, so klingt mein Herz,
es will unbedingt zu Dir!
Poch-poch, so klingt mein Klopfen
jetzt grad an Deiner Tür!

„Wer bist Du und was willst Du?"
rufst Du, ich lauf schnell ein Stückchen weg.
Wie soll ich nur zu Dir finden?
Das hat doch alles keinen Zweck!

Ich bin schon lange hier,
doch sehe immer nur durchs Fenster.
Das Klopfen und die Schritte,
das war'n keine Gespenster!

Ich stehe noch hier und ich gehe nicht weg,
denn irgendwann kommst Du aus Deinem Versteck.

Oh, bitte, bitte, Merlin, hör auf,
Dich zu verstecken!
Es gibt so vieles Schönes
hier draußen zu entdecken!

Dass Du alleine besser lebst,
das redest Du Dir ein!
Viel viel schöner wäre doch,
zu zweit allein zu sein.

Oh bitte, Merlin, bitte!
Bitte komm heraus!
Ich geb Dir alles, was ich kann,
viel mehr als nur Applaus!

Wenn jemand Dich verspottet,
dann nehm ich Deine Hand
und sag: „Das ist der beste Zauberer
in diesem ganzen Land!"

Ich bin ein großer Pazifist,
doch wenn Dich jemand beleidigt
wirst Du mit allem, was ich hab,
mit aller Kraft verteidigt!

Ich mein, es spielt zwar keine Rolle,
ob Du in Deinem Holzhaus wohnst
oder wie ein König
im prunkvollen Palaste thronst.

Was ich will ist unbedingt
Deine L(i)ebe(n)sgeister wieder wecken
Bitte glaub mir, Merlin,
Du brauchst Dich nicht verstecken!

Glück ist nur echt, wenn man es teilt.
Ich hoff so sehr, all Deine Wunden sind verheilt.

Mag sein, dass Deine Narbe nicht gezackt ist,
deshalb mag ich sie gerade.
Und ich mein, dass Du mal verletzt warst,
finde ich natürlich schade!

Doch wurdest Du auch schon im Leben
durch die Liebe oft verletzt,
hast Dich durch Deine Gefühle
voll in die Nesseln reingesetzt,

so macht doch jede Deiner Narben,
nicht nur die auf Deiner Stirn,
glaub mir, jede Deiner Narben
macht Dich so unglaublich schön!

Denn wenn Du denkst, Du wärst nicht wert,
dass Dich irgendjemand liebt
ist wie als wär ne Schubkarre
nicht wert, dass man sie schiebt.

Das ist als wär ne Schaukel
nicht wert, dass man sich auf sie setzt
ja das ist als wär das Leben
nicht wert, dass man es schätzt!

Was ich Dir sagen möchte:
Du bist nicht nur wert, dass man Dich liebt,
sondern, dass es auf der Welt
sogar einen Menschen gibt,

der nur dafür geboren wurde,
Dich unglaublich lieb zu haben,
Dich zu küssen, Dich zu mögen,
und Dir das jeden Tag zu sagen!

Und am liebsten wär' mir,
das geb ich offen zu:
Ich wünsche mir so sehr,
das wären ich und Du!

Doch spielt nicht die größte Rolle,
wen oder was Du liebst,
ich möchte nur, dass Du
das Träumen nie aufgibst!

Halte Deine Träume fest,
und lerne sie zu leben!
Ob als Prolog oder als Nachwort:
Hoffnung muss es immer geben!

Ich wünsche mir, Du könntest Dich
nur einen Tag mit meinen Augen sehen!
Vielleicht würde Dir das helfen
und Du würdest dann verstehen:

Du bist so unglaublich schön,
du bist viel besser als perfekt!
Und wieviel Zauber und Magie
tief in Dir drinnen steckt!

Denn die Magie, über die Du Dich
so oft so sehr erfreust,
hast in den meisten Fällen
Du selber erst erzeugt!

Das Schönste auf der Welt
ist für mich, wenn Du lachst!
Ich mag es so sehr, wie du tanzt,
weil Du mich damit glücklich machst!

Du bist nicht wert, dass man Dich liebt??
Das darfst Du niemals denken!!!
Ich würde Dir gleich jetzt und hier
all meine Liebe schenken.

Verzauberst mich mit jedem Reim
manchmal sogar und ganz
ohne Spruch,
wenn Du lachst, lächelst oder tanzt!

Ich hab noch nie in meinem Leben
jemanden so sehr verehrt.
Ich hab noch nie in meinem Leben
jemanden so sehr begehrt.

Und ich weiß, ich bin verrückt,
doch das ist mir egal,
denn die Liebe meines Lebens
gibt's auf der Welt doch nur einmal.

Und es mag sein, dass ich mich täusche,
und dass Du das gar nicht bist.
Doch es lässt mir keine Ruhe,
bis ich weiß, ob das so ist!

Mag sein, dass ich mich täusche,
doch ich war viel zu lange still.
Ich dreh mich um und rufe:
„Du bist, was ich will!"

Mein

Meine Füße streifen durch das raschelnde Herbstlaub.
Mein Gesicht wird durch die Herbstsonne gewärmt,
meine Nase umpfeift ein sanfter Wind.
Main-Ausblick: Fantastisch.
Die Flügelspannweite der anderen Uferpromenadenbesucher:
Mein lieber Schwan!
Meine Stimmung: "I am both, happy and sad at the same time."
And I know why exactly. And I'm okay with it. No: I like it. No: I love it! ❤️
Meine träumerische Vision: So nah und doch so fern. Doch kein Ort auf der Welt, an dem ich jetzt lieber wär, ich schwöre!
Meine Rettung vor dem Hangry-Werden: Leckere Stärkung in den Schlossweinstuben.
Mein Wunsch an Euch: Habt einen schönen Abend! 🙂

Zuhause

Gestern hörte ich eine sehr schöne Definition für Zuhause: Zuhause ist ein ortsunabhängiges Gefühl, ausgelöst von der bedingungslosen Liebe der Menschen in unserem Umfeld.

Das fand ich eine wundervolle Beschreibung und doch, auch wenn mich das vielleicht zum Korinthenkacker macht, störte mich irgendwie ein Wort: Bedingungslos.

Ich musste viel darüber nachdenken, was aber nicht weiter schlimm ist: Ich mag es, mir Gedanken zu machen. Und so nutzte ich, genau wie René, den „Brückentag" und ging zu Fuß über die Hohenzollernbrücke. Allerdings etwas später als er, so dass sich mir viele schöne Lichter im Dunkeln boten. Unter mir floss der Rhein unter der Brücke raus und während mein Blick zwischen Dom und Tanzbrunnen hin und her schweifte, ließ ich meinen Gedanken freien Lauf:

Kann es das überhaupt geben, bedingungslose Liebe? Ich bin der Meinung: Nein! Denn damit ich etwas liebe, müssen definitiv einige Vorbedingungen erfüllt sein:
- Ich muss damit vertraut sein: Ich muss es gesehen, gehört, gespürt oder gefühlt haben. Ich kann etwas vermissen, ohne genau zu wissen, was, aber lieben kann ich nur, was ich auch auf irgendeine Weise erlebt hab.
- Ich muss es mögen. Wem oder was ich zugeneigt bin, ist immer auch Geschmackssache. Ich liebe zum Beispiel keine Nüsse. Weder reagiere ich allergisch noch haben sie mir etwas getan und wenn sie sich wie in ‚Hanuta' auf zwei Buchstaben zerkleinern mag ich sie sogar. Aber lieben tue ich sie aus geschmackstechnischen Gründen nun mal nicht. Wenn ich liebe, dann liebe ich nie nur das ‚Ding' im Außen, sondern immer auch die Gefühle, die es in mir drinnen auslöst. Die Chancen, dass ich etwas liebe, was in mir einen Brechreiz auslöst, sind deshalb äußerst gering.
- Ich muss einen Bezug dazu haben.

Das sind ganz schön viele Bedingungen für eine ‚bedingungslose Liebe'... Und selbst Gottes Liebe bedingt ja, dass wir seine Kinder sind.

Aber vermutlich betreibe ich Wortklauberei und das ist so gar nicht gemeint, sondern eher im Sinne von ‚vorbehaltlos'. Aber ist die Liebe das nicht automatisch? So wie ich die Liebe verstehe, ist sie immer wohlwollend, allumfassend und nicht an Vertragsklauseln geknüpft. Bedingungen und Vorbehalte gibt es beim Autokauf, aber nicht bei der Liebe.
„Ich liebe Dich, aber nur, wenn Du jetzt aufhörst, zu quengeln."
„Ich liebe Dich, aber wäre Deine Nase kleiner, würde ich Dich noch mehr lieben."
„Ich liebe Dich, aber nur solange Du genug Geld auf dem Konto hast, um meinen Lebensstil zu finanzieren."
Das alles sind Sätze, die sich selbst ausschließen. Wer so was sagt, liebt nicht bedingt, sondern gar nicht. Liebe ist wie in dem Lied von Bruno Mars: „When I see your face, there's not a thing that I would change, cause you're amazing, just the way you are" Natürlich nicht auf's Gesicht oder andere Äußerlichkeiten beschränkt!

Somit wäre ‚bedingungslose Liebe' doppelt gemoppelt wie ‚nasses Wasser' oder ‚heißes Feuer'. Das fände ich nicht schlimm. Ein anderer Gedanke stört mich:
Wenn ich bedingungslos lieben würde, müsste ich dann nicht alles und jeden gleich lieben? Tue ich aber nicht!

Ob wir wollen oder nicht, wir Menschen bewerten. Urtypisch ist unsere Schwarzweißmalerei, die kategorische Einteilung in Gut und Böse. Mittlerweile können wir das auch differenzierter, aber das kann man nun gut oder schlecht finden (haha!), dabei fließt immer auch etwas von uns selbst in die Bewertung ein: Unser Geschmack, unser Weltbild, eben unsere Werte. Objektivität ist der Irrglaube eines Subjekts, es könne beobachten ohne sich selbst.

Und deshalb nagele ich heute folgende These an meine Facebook-Wand:

Zuhause ist ein nicht ortsgebundenes, wohliges Gefühl, ausgelöst durch die Menschen, mit denen ich wie bei einem Mobile verbunden bin, die es immer gut mit mir meinen und die ich liebe, genau so wie sie sind. Und so will ich Dein Zuhause sein und wünsche mir, dass Du mein Zuhause bist (auch wenn ich bislang noch verreist bin).

Mein Soundtrack zum Text:
Bruno Mars - Just The Way You Are

Du bist auf jeden Fall ein Schatz

Sag mir, hast Du mich gehört?
Ich hoff, ich hab Dich nicht gestört...

Doch da war dieser eine Satz:
Du bist auf jeden Fall ein Schatz!

Das wollte ich Dir sagen,
deshalb musste ich es wagen.

Denn ich habe Dich gehört:
Du hast mich regelrecht betört.

Sag mir, hast Du mich gesehen?
Würd gerne direkt vor Dir stehen.

Ich habe Dir mein Herz gezeigt
und Du schientest nicht abgeneigt.

Doch vielleicht sahst Du gar nicht mich?
Ich sah auf jeden Fall nur Dich!

Ich würd das gern jeden Abend machen,
wünschte Du würdest deshalb lachen.

Denn ich habe Dich gesehn:
Du bist so unglaublich schön!

Sag mir, vermisst Du mich nicht?
Also vielleicht nicht mein Gesicht...

Den, der Dir jeden Tag sein Wort gibt
Den, der Dich von Herzen liebt

Den, der Dir Liebesbriefe schreibt
und der am Ende bei Dir bleibt

Den, der täglich auf Dich wartet,
die After-Show-Party mit Dir startet.

Wir könnten uns unser Zuhause sein.
wär'n nicht mehr einsam, nicht allein.

Ich weiß, das lässt sich nicht erzwingen,
vielleicht wird mir all das nichts bringen,

doch ist es jetzt nun einmal so:
Ich wär so gern Dein Romeo!

Ich will Dein Herz ganz sanft berühren
und ich will Deinen Kopf verführen.

Doch ich weiß nicht, wie man(n) das macht
und so bleib ich allein heut Nacht.

Jedenfalls – das sollst Du wissen:
Ich würde Dich sehr gerne – näher kennenlernen.

Denn ich liebe, wie Du tanzt
und wie Du mich verzaubern kannst!

Zweite Wahl

"Hallo, liebe Leserinnen und Leser! Nehmt Euren Partner heute einfach in den Arm, schaut ihm in die Augen und sagt: 'Du, wenn ich Dich so ansehe, dann weiß ich: Mehr war für mich nicht drin!'" ;)

Am Anfang des Tages sitze ich auf dem Sofa, höre das absolut geniale Lied "Zweite Wahl" von maybebop und stelle einmal mehr fest, dass ich das niemals sagen würde:

"Nehm ich halt Dich, besser als keine,
dachte ich, und schon warst Du meine.
Du Spatz in der Hand, Du Kompromiss,
ich pfeif auf ferne Tauben auf Dächern.
Du zweite Wahl, Provisorium,
Du - meine Notlösung."

Nein, egal wie viele gut gemeinte Ratschläge aus dem Freundes- und Familienkreis mir den Spatz in der Hand auch schmackhaft machen wollen: Da pfeif ich drauf!

Und die Tauben auf den Dächern? Da kack ich drauf! (So wie die auf meine Jacke...)

Nein, lieber wäre ich ein Sittich,
und flöge am Himmel ganz mittig.
Dann flöge ich nämlich direkt neben Dir
und Du wüsstest: Du gehörst zu mir! :)

Egal, wie schlecht die Chancen für mich auch stehen mögen, ich bleibe bei meinem Credo: Du oder keine.

Ich bleibe mir selber treu. Viel lieber würde ich DIR treu bleiben, denn Liebe ist, wenn Treue Spaß macht. Doch dafür fehlt uns noch die nötige Beziehung.

Ein bisschen lächeln muss ich dann aber, weiß ich doch genau:
Am Ende des Tages sitz ich auf dem Sofa und warte
auf Dich und stelle die Frage: "Wie geht es Dir gerade?"

Mein Soundtrack zum Text:
maybebop - Zweite Wahl

Mein Echo zum Echo

Am 12. April, dem diesjährigen Jom haScho'a (Holocaust-Gedenktag), war ich Zuschauer beim Echo. Bereits im Vorfeld gab es gegenüber zwei nominierten Künstlern Antisemitismus-Vorwürfe, mit denen ich mich bis zu diesem Abend aber nicht auseinandergesetzt habe: Mein Entschluss, mir eine Karte für die Veranstaltung zu besorgen, war sehr kurzfristig, aus Zeitmangel und Bequemlichkeit habe ich das Thema ignoriert - bis zu der großartigen Rede von Campino. (Zitate aus der Rede im Folgenden mit * gekennzeichnet)

"Wir sollten jetzt nicht anfangen, einen tieferen Sinn in Dingen zu suchen, wo es keinen Sinn gibt." *

Die Liedzeile, die so viel kritisiert wird, stammt aus dem "Battle-Rap", Oliver Kalkofe beschreibt das sehr treffend als "musikalisch verpackte Aggression jedem Lebewesen gegenüber, das nicht man selber oder sein Kumpel ist. Das ist nun mal so beim Hip-Hop, wie bei Gorillas, die sich brüllend auf die Brust schlagen oder Affen, die sich gegenseitig mit Kot bewerfen."

Ich habe gelesen, dass diese Musikrichtung ihre Wurzeln in Ghettos hat: Statt sich zu prügeln (oder Schlimmeres) haben die Kontrahenten ihre Aggressionen in dieser verbalen Ausdruckskunst verarbeitet. Wenn diese Kunstform dazu beigetragen hat, physische Gewalt zu verhindern, finde ich das gar nicht schlecht. Trotzdem würde ich nicht unbedingt Geld dafür bezahlen, mir sich mit Kot bewerfende Affen anzusehen.

"Für mich persönlich ist die Grenze überschritten, wenn es um frauenverachtende, homophobe, rechtsextreme, antisemitische Beleidigungen geht [...]. Verbote sind sicher nicht die Lösung, aber ich hoffe, dass wir durch solche Auseinandersetzungen wie heute wieder zu einem Bewusstsein finden, in Bezug darauf, was als Provokation noch erträglich ist und was nicht." *

Auch ich finde es kaum erträglich, wenn ein Album einen Echo gewinnt, das schon mit den Worten "Du bist der Sohn einer Hure" beginnt und über Zeilen wie "Ich lasse Dich killen von nigerianischen Kindersoldaten" und "Ich bring Schusswaffengeräusche wie die Schutzstaffel der Deutschen" dann letztlich endet mit dem Titel "Genozid". Dieses Album hat nämlich den Echo der Kategorie "Hip-Hop" gewonnen - und zwar bereits 2016!!

Das herauszufinden hat mich jetzt eine Recherchezeit von zehn Minuten gekostet, und auch dass das Hauptkriterium der Vergabe die Verkaufszahlen sind, war kein Geheimnis. Der Hauptschuldige, dass ich das "Kotwerfen" an diesem Abend ertragen "musste" (wobei ich nicht ein einziges Wort verstanden habe - sonst wäre ich meinem innerlichen Impuls gefolgt und wäre während dieses einen Auftritts rausgegangen), ist also schnell identifiziert: Ich!

Die einzig vernünftige Reaktion auf die Skandalzeile "mein Körper definierter als von Auschwitzinsassen" ist sicherlich die des Lehrers, dessen Post Claudi geteilt hat: Er hat seinen Schülern diese Zeile verbildlicht, mit einem Foto eines Bodybuilders mit definiertem Körper und einem Foto eines Auschwitzinsassen. Die Reaktion waren betretenes Schweigen und die Aussage: "Ich finde es einfach krank."

Was das Thema Holocaust angeht, gab es bei mir eine Phase, in der ich dachte: "Was geht denn mich das an? Es muss doch auch mal Schluss sein, endlich nach all den Jahren." Meine Meinung geändert hat das Lied "Die Kinder von Izieu" von Reinhard Mey.

Ich denke, das ist vielleicht das Problem, dass es so einfach ist, über "die" zu urteilen, solange sie keine Namen und Geschichten haben: Damals über "die Juden", heutzutage ganz oft über "die Flüchtlinge". So einfach dürfen wir uns das nicht machen! Wir dürfen nie vergessen, dass dahinter ganz viele einzelne Menschen stecken. Aber auch "die Hip-Hopper" sind Menschen, und sogar "die Antisemiten"!

Im Genre "Hip-Hop" gibt es mit Mister Me und MaximNoise auf jeden Fall auch Künstler, die definitiv einen Preis verdient haben.

Mein Bändchen werde ich trotz allem aber nicht zurückgeben: Es erinnert mich daran, dass auch ich Campino Standing Ovations gegeben habe: "Wer boykottiert, der kann nicht mehr diskutieren, wer nicht diskutiert überlässt das Feld den anderen..." *
Ich fand es faszinierend, die Musik, die ich täglich im Radio höre, live auf der Bühne zu erleben.
Und vor allem fand ich es fantastisch, den so unglaublich wunderschönen Auftritt live zu erleben, wegen dem ich mir die Karte gekauft habe.

Um fünf am Eck

"Wo Fulda sich und Werra küssen
sie ihren Namen büßen müssen."

Oh hups, falscher Reim...

Wo Mosel und der Rhein sich küssen,
von dort will ich Euch herzlich grüßen!

Im Zug sah ich ein lachendes Gesicht,
die Fensteraussicht: Ein Gedicht!

Hier angekommen ging ich dann
raus an den Rhein (mit Jacke an)

um bei leckrem Kaffee und Kuchen
im Handy nach Notizen suchen,

während Schiffe vorüberziehen
der Gegenwart etwas entfliehen,

Erinnerungen aufzuspüren
und Glückstagebuch zu führen.

Auf dem Uferweg jeden Moment genießen,
während in mir Gedanken wie Flüsse fließen.

So sitz ich jetzt am Rhein - allein.
Doch könnt der Abend kaum schöner sein!

Der Unterschied zwischen Liebe und Liebe

Man sagt, die Eskimos haben ganz viele verschiedene Wörter für "Schnee". Und auch, wenn das wohl nur ein Mythos ist, so wünsche ich mir heute, es gäbe in unserer Sprache mehrere verschiedene Wörter für die Liebe.

Zum einen, weil dieses Wort so inflationär benutzt wird, dass es der Exklusivität des Gefühls, dass ich empfinde, nicht annähernd gerecht wird.

Zum anderen, weil das in meinen Augen und Gedanken verschiedene Paar Schuhe sind: Die Selbstliebe, die Liebe gegenüber dem Leben, dem Universum und Allem - und die Liebe zu Dir.

Da ist diese Sache mit der Selbstliebe. Ich glaube, die wird in etwa genauso oft unterschätzt, wie sie auch überschätzt wird. Klar ist es gesund und gut und wichtig zu wissen: Ich bin gut, so wie ich bin. Andererseits vergleiche ich sie gerne mit der Selbstbefriedigung: Egal, wie schön, richtig und wichtig sie auch ist, sie kann mMn niemals das gleiche Potential entfalten, wie die Liebe in wechselseitiger Beziehung. Und muss ich wirklich zuerst mich selbst lieben, bevor ich jemand anders lieben oder Liebe erfahren kann? Sorry, aber für mich klingt das eher nach der Frage: "Was war zuerst da? Das Huhn oder das Ei?"

Dann ist da die Liebe gegenüber dem Leben, dem Universum und Allem: Mir gefällt der Gedanke, dass auch "Gott" nur ein anderes Wort für die Liebe in diesem Sinne ist. Das Verständnis, dass alles in diesem Universum miteinander verbunden und in Wirklichkeit eins ist. Mit der logischen Konsequenz, dass jeder Mensch, jedes Tier, jedes Lebewesen seine Berechtigung, seinen Platz auf dieser Welt hat und es verdient, geliebt zu werden.

Und dann ist da die Liebe zu Dir. Sie stellt alles auf den Kopf. Und auch ich will kopfstehen, um die Welt für Dich zu tragen. Diese Liebe ist viel stärker als alles, was ich bisher kenne. Für sie brauche ich ein neues Wort! Denn wenn ich auch im letzten Absatz noch geschrieben habe, dass jeder Mensch es verdient, geliebt zu werden und ich auch der Meinung bin, dass jedes Menschenleben gleich viel wert ist, so muss ich doch auch sagen: Die Gefühle, die Du in mir auslöst, empfinde ich bei keinem anderen Menschen auf der Welt.

Mag sein, dass hierin auch immer noch ein paar romantische Projektionsgefühle enthalten sind, dass ich zu einem gewissen Teil meine eigenen Bedürfnisse auf Dich projiziere. Doch ich übe mich jeden Tag darin, Dich zu sehen, wie Du bist. Und je mehr ich von Dir höre, sehe oder zu wissen glaube, umso stärker wird die bewusste Liebe zu Dir!

"Es ist doch so: Wir können alles sein, wir haben, was wir brauchen, und wo immer wir sind, da gehören wir auch hin." Wenn ich heute schon alles habe, was ich brauche, dann heißt das auch: Ich brauche Dich heute nicht, ich kann glücklich sein, auch ohne Dich. Wo immer ich bin, da gehöre ich hin: Gestern ans Frühstücksbuffet und in den ICE mit meiner lieben Kollegin. Abends in die Badewanne, wo der Großteil dieses Textes entstanden ist. Heute unterwegs als Nachteule.

Doch was ich heute auch habe und brauche, das sind diese unglaublich starken Vermissungsgefühle nach Abenden mit Dir, diese Sehnsucht, die mir heilig ist und die ich ständig in mir trage: Diese Sehnsucht, Dich zu küssen, selbst Deine Narben zu küssen, Deine Hand zu halten und Dir ins Ohr zu flüstern, wie wundervoll Du bist, ein Moonrise Kingdom mit Dir zu bauen und mit Dir Enten zu füttern. Egal, ob morgen oder in 17 Tagen oder in 79 Tagen oder in tausend Jahren.

Ein bisschen komme ich mir vor, wie als Kind, als ich mir im April schon Spielsachen zu Weihnachten gewünscht hab... Oder wie ein kleines Mädchen, dass bei ihrem Kindergartenfreund ganz fest überzeugt ist: Dich heirate ich einmal. Und doch weiß ich heute ganz genau: Eines Tages, Baby, bin ich Dein Mann und Du meine Frau.

Denn wohin führ'n mich all die Tage, wenn nicht zum Schluss in Deine Arme? Ich will Dir nicht nur mein Wort geben, sondern alle meine Wörter. Ich will Dir nicht nur einen Kuss geben, sondern alle meine Küsse. Doch vorher will ich Dir ein paar Dinge sagen:

Zum Beispiel, dass Du Dich nicht hetzen musst, weil Du immer genug Zeit hast. Und dass ich Dein Zuhause bin und Du bisher nur verreist warst.

Ich weiß jetzt, wo mein Platz ist

Vorgestern, 15 Uhr 30, mitten in Berlin: Ich mache es mir im Sessel bequem, höre wunderschöne Musik und die Sonne geht unter. Ich sehe den Sternenhimmel, wie er sich eigentlich erst um 23 Uhr zeigen würde - bei Stromausfall mit ohne Lichtverschmutzung.

Es gelingt uns sogar, die Wolken wegzupusten, und der Blick in den Sternenhimmel ist einfach atemberaubend. So überwältigend, dass mir wohl eine Träne über die Wange kullert, am liebsten möchte ich diesen Moment für immer festhalten. Noch lieber möchte ich Deine Hand in diesem Moment halten, ungeachtet dessen, dass der Platz neben mir in Wirklichkeit leer ist.

"I see it around me,
I see it in everything.
I could be so much
more than this."

Ich könnte so viel mehr als dies sein... Mehr als die Version "introvertierter Junge", der es sich nicht einmal trauen würde, hinterher hinzugehen, zu sagen, wie wundervoll es war und zu fragen, was denn das für ein fantastisches Lied war. Zumindest das aber klappt wunderbar, und ich kann heute das Lied zum zehnten Mal anhören und daran zurückdenken.

In meiner kühnsten Vision bin ich sogar der Mensch, der Dir ins Ohr flüstert, wie wundervoll Du bist. Dieser atemberaubende Ausblick ist viel zu schön, um ohne Dich zu bleiben!

"With one hand high,
you'll show them your progress.
You'll take your time,
but no one cares.
No one cares."

Vielleicht ist das so gemeint, wie in einer Selbsthilfegruppe: Du meldest Dich, erzählst von deinen Fortschritten, und niemanden kümmert es, wie lange Du dafür brauchst. Wenn Du von Deinen Fortschritten, offenen Fragen und Dissonanzen erzählst, dann spielt die Zeit absolut keine Rolle: Ob 9 Minuten oder 90 Minuten, ich möchte Dir zuhören. Und wenn Du 9 Stunden am Stück erzählen würdest, ich möchte Dir zuhören. Und wenn Du 9 Tage am Stück erzählen würdest, dann würde ich meinen Schlaf in dieser Zeit auf das nötigste reduzieren.

Was aber, wenn es gemeint ist, wie in der Schule, wenn Du Dich meldest, aber nicht drangenommen wirst?

"With one hand high,
you'll show them your progress.
You'll take your time,
but no one cares.
No one cares."
No one cares?
Well, I do!

Niemanden kümmert es?
Doch, MICH!
MICH kümmert es, was Du zu sagen hast!
Und Du musst Dich nicht hetzen, weil Du immer genug Zeit hast.

"I need you to show me
the way from crazy.
I wanna be so much
more than this."

Mag sein, ich hab schon alles, was ich brauche.
Mag sein, dass Mangel nur entsteht, weil wir daran glauben.
Mag sein, in Wahrheit brauche ich Dich nicht.

Und doch sind da diese wahnsinnigen Vermissungsgefühle. Und doch möchte ich meine Gedanken an und meine Gefühle für Dich nicht für einen einzigen Millimoment loslassen.

Eine sehr kluge Frau hat einmal geschrieben, dass Etwas-Festhalten-Wollen vielleicht auch eine Art Qualitätssiegel für Momentaufnahmen ist, ein Hinweis, auf dem richtigen Weg zu sein. Dieser Gedanke gefällt mir.

Und so liege ich zufrieden in der Badewanne, genieße diesen Moment, denke dankbar zurück an den fantastischen Blick in den Sternenhimmel und weiß ganz genau, wer ich sein will.

Mein Soundtrack zum Text:
Jimmy Eat World – My Sundown

Einer liebt immer mehr

„Einer liebt immer mehr" singt Joel Brandenstein. „Zwei Herzen ohne Gleichgewicht, wieso fühlst Du nicht wie ich?"

Wenn immer einer mehr liebt, dann will und werde ich wohl derjenige sein, der Dich immer mehr liebt. Zuerst wollte ich den Satz beenden mit „...als Du mich", aber beim Schreiben fiel mir auf, dass der Satz auch einfach enden könnte, und mir dann viel besser gefällt, denn ich liebe Dich ja tatsächlich immer mehr – an jedem Tag, an dem ich Dich sehe.

Jedenfalls würde es mir schon völlig reichen, wenn Du mich halb so sehr liebst, wie ich Dich. Denn ich liebe Dich so sehr, dass die Hälfte davon schon eine ganze Menge wäre. Auf jeden Fall will ich derjenige sein, der Dich mehr liebt, weil Du schon oft mehr geliebt hast als Du wurdest und Dir das nicht gut tut. Aber andererseits auch aus purem Eigennutz, weil es ein verdammt schönes Gefühl ist, Dich zu lieben, je mehr, desto besser.

In meiner visionären Vorstellung bin ich der glücklichste Mensch auf der Welt, weil ich Dich küsse (ohne Ende). Ich habe keine Ahnung, wie es ist, Dich zu küssen, aber bislang war, was Dich betrifft, die Wirklichkeit immer viel schöner als meine Vorstellung. Allerdings würde ich mir natürlich auch wünschen, dass DU der glücklichste Mensch auf der Welt bist. Nach langem Nachdenken bin ich dann aber zu dem Schluss gekommen, dass kein Mensch auf der Welt glücklicher sein kann, als der, der Dich küsst. Pech für Dich.

Vielleicht schaffe ich es ja eines Tages, meine Liebe mit Dir zu teilen. Vielleicht ist ja auch die Liebe nur echt, wenn man sie teilt. Und vielleicht ist Glück gar nicht das Einzige, was sich verdoppelt, wenn man es teilt, vielleicht ist es bei der Liebe genauso! (Und bei Bakterien auch, aber das würde diesem Text die ganze Romantik nehmen, deshalb schreibe ich das jetzt nicht.)

Jedenfalls wünsche ich mir, dass eines Tages unsere Herzen im Takt schlagen. Ich halte Deine Hand und Du fragst mich leise, was ich denn so gerne an Dir mag. Ich flüstere es Dir ins Ohr (also nicht alles, sondern nur einen kleinen Teil davon, sonst würden wir da ja tagelang sitzen) und dann küssen wir uns.
Ohne Ende.

An den Tag

Seit gestern hat ein neues Kapitel begonnen: Mein "Glückstagebuch" ist voll, ab jetzt heißt es "Lass mal ne Nacht drüber schreiben." Zur Feier des Tages (im doppelten Sinne) möchte ich die ersten Seiten mit Euch teilen. Dieser erste Tag des Buches setzt die Messlatte für die folgenden Tage sehr sehr hoch. Danke nochmal an Katja fürs Tauschen, Vanessa für Platztipp und Kaffee auf der Hinfahrt und Katharina für die kühle Luft auf der Rückfahrt :)

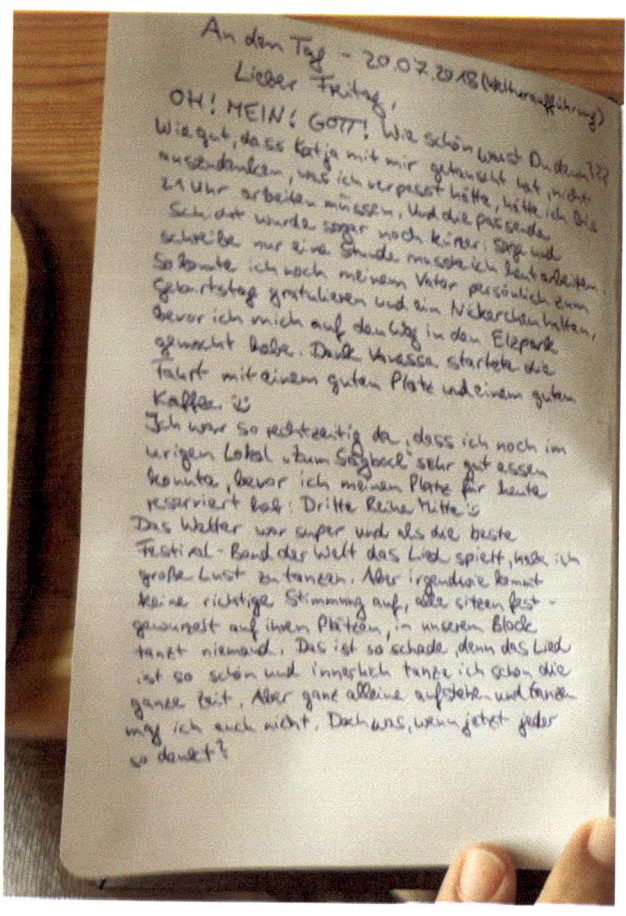

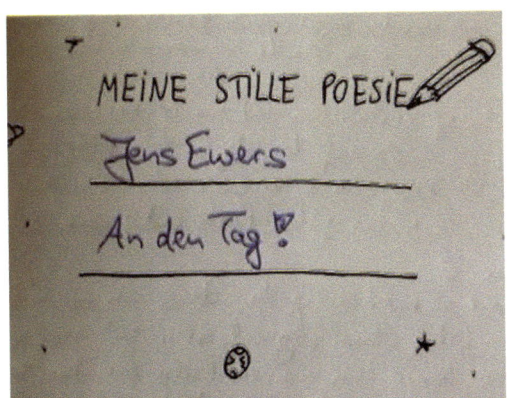

MEINE STILLE POESIE

Jens Ewers

An den Tag!

Als ich den nächsten „Tanzt-mit-mir"-Impuls wahrnehme, ist mir das alles egal und ich stehe auf, denn tanze ich halt als Einziger im Block, egal! Aber dann: Nach und nach stehen plötzlich ALLE auf! Keine Ahnung, wie groß mein Anteil daran jetzt gewesen war, aber als wir dann alle gemeinsam getanzt haben, war das unglaublich schön.
„Der wohl schönste Moment des Tages!", dachte ich doch weit gefehlt: Manchmal stimmt das Sprichwort „Das Beste kommt zum Schluss"...
Ein Blick auf die Uhr verrät mir, dass es langsam knapp wird mit dem letzten Zug nach Hause – doch dann verliere ich die Uhr (manchmal rächt es sich, wenn man wochenlang mit kaputtem Armband rumläuft) und vergesse ich die Zeit.

    Denn „dann flüsterst Du mir zu,
    dass Du jetzt Müde bist.
    Dann erst merke ich
    wie schön Du gewesen bist.
    Die Tür geht auf – ich ruf:
    „Hey, warte, geh noch nicht!"
    Hör auf dem Flur deine letzten Schritte Sonnenlicht
    wie Du Deine Jacke nimmst und Du siehst
    Alles, was schön ist, vergeht,
    Alles, was schön ist, vergeht,
    Alles, was schön ist, vergeht, so auch ich."

Was soll ich sagen? Das war so so so so so so schön!
Ganz ehrlich? Ich hab geweint vor Glück.

    Lieber Tag, ich versprech' Dir:
    Ich vergess' Dich nicht!

Warum fällt mir das so schwer?

Warum fällt mir das so schwer? Ich hatte mir so fest vorgenommen, Dich anzusprechen. Zu fragen: "Hast Du Lust, einen Kaffee mit mir trinken zu gehen?" Weil ich weiß, dass Du gerne Kaffee trinkst, besonders wenn er langsam aus dem Filter getropft ist (war das brasilianischer Art?). Vor allem aber, weil ich mich gerne mit Dir unterhalten möchte und der Kaffee ein guter Anlass wäre. Alternativ ginge wetterbedingt natürlich auch ein Eis oder ich würde eine Wassermelonen-Bar für uns suchen.

Allerdings: Wie sollte ich das überhaupt schaffen, ein vernünftiges Gespräch mit Dir zu führen, wenn ich nicht mal diesen ersten Schritt schaffe?

Einen kurzen Moment packt mich der Mut, mein Herz pocht bis zum Hals, gleich mach ich es: Ich mache ihr ein ehrliches Kompliment und frage sie! "Trau Dich!" sagt meine innere Stimme. Gleich mach ich es! Doch dann ist da wieder diese Angst. "Sie hat mich doch schon längst gesehen. Das ist kein Zufall, dass sie nicht in meine Richtung guckt. Ich nerve sie doch nur!" Und der innere Zweifler gewinnt die Schlacht. Ich fühle mich, wie in der Schule, wenn der Arm enttäuscht wieder nach unten geht, weil ich mir plötzlich dessen, was ich sagen will, doch nicht mehr sicher bin. Wie Amelie, als sie innerlich zerfließt, weil sie sich vor Nino verleugnet.

Vielleicht sollte es so sein. Vielleicht war es besser so. Aber der Tag war viel zu schön, um als der Tag an dem ich mich nicht getraut habe, Dich anzusprechen, in meinem Gedächtnis zu bleiben.

Immerhin war es unsere bisher heißeste Begegnung - ich bin ganz schön ins Schwitzen gekommen. Wobei Dir ja einen Moment sogar zu kalt wurde - keine Ahnung, wie Frauen so was schaffen bei gefühlten 47 Grad.

Jedenfalls werde ich den Tag erinnern, als den Tag, an dem ich Dich glücklich lächeln gesehen habe und ich Tränen in den Augen hatte, als an den Tag zu Ende war. Danke für den schönen Tag! :) Und nach der nächsten Ebbe kommt der Mut!

An den Tag (2)

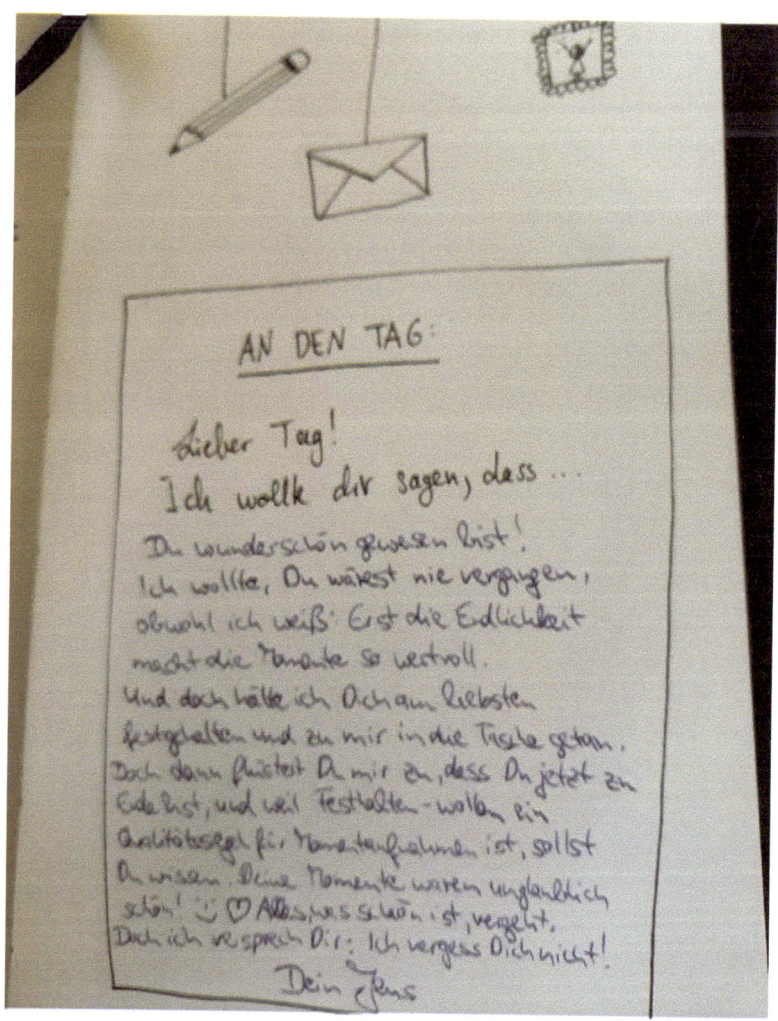

Zweifellos mankolos

Ich will Dir was Schönes sagen,
immer wenn Du was Schönes brauchst.
Ich fang damit heute an
und ich hör nie wieder auf.

Ich geb Dir alle meine Worte!
Nimm sie Dir wie eine Jacke aus dem Schrank.
Komm, ich mach in meinem Blick Dir Platz,
wie auf einer Bank,
rutsche zur Seite, klopf mit der Hand auf das Holz neben mir
und mein Bankgeheimnis verrate ich Dir!

Strophe 1: Fehler

Du sagst, Du kannst Dir Deine Fehler nicht vergeben...
Glaube mir, ICH vergebe sie Dir!
„Fehler sind sowas wie Farben im Leben" -
kunterbunt wie Konfetti gefällst Du mir!

Das Leben ist kein Vollplayback wie im Fernsehn -
mit Fehlern im Dachgarten mag ich Dich gern sehn!
Lieber Fehler machen und sich mal im Kreise drehn,
Loopings sind doch sowieso wunderschön:
Bei Musik und Riesenrädern
und bei Marienkäfern!

Wenn jemand ohne Fehler ist, so ist er fehlerlos,
bloß
nützt ihm das nichts, denn ist er deshalb nicht perfekt!
Wahrscheinlicher ist, dass er seine Fehler nur versteckt.

Wer sich selbst für fehlerlos hält,
der hat wohl Arroganz als Fehler.
Glaub mir, mit jedem Deiner Fehler
wirst Du für mich schöner!

Und jeder Mensch macht Fehler!
Komm, ich erzähl Dir einen von mir:
Am Sonntag war ich
in der Nähe von Dir.

Ich hatte mir fest vorgenommen:
Heut sprech ich Dich an!
Es erschien mir ziemlich logisch:
Wenn nicht heute, wann dann?!

Ich versuchte, bis zum Abheben zu laufen,
doch als es soweit war, hielt ich still.
Ich hab mich wieder nicht getraut,
auch wenn ich wusste, was ich will.

Doch ich trau mich nicht zu fragen:
„Willst Du nen Kaffee mit mir trinken?"
Dabei hätt ich Dir so viel zu sagen -
ich könnt im Erdboden versinken!

Fühl mich wie Don Schnulze,
will den Kopf aufs Klavier schlagen…
Es ist unheimlich schwer,
die eignen Fehler zu ertragen…

Ich bin mit mir zufrieden,
so im Großen und Ganzen,
doch warum trau ich mich nicht,
aus der Reihe zu tanzen?

Gescheitert vor mir selbst
nenn ich mich Trottel, Stümper, Dilletant!
Hau den Kopf immer wieder
vor die innere Wand.

„Das war ein Riesenfehler!"
hab ich wieder und wieder gedacht.
Doch der Tag singt liebevoll:
„Nein, Du hast alles richtig gemacht."

„Fehler sind sowas wie Farben im Leben" -
glaub mir, ich mag Deine Gedanken so sehr!
Komm, lass mich Dir all Deine Fehler vergeben!
Mit jedem von Ihnen lieb ich Dich mehr!

Ich will Dir was Schönes sagen,
immer wenn Du was Schönes brauchst.
Ich fang damit heute an
und ich hör nie wieder auf.

Ich geb Dir alle meine Worte!
Nimm sie Dir wie eine Jacke aus dem Schrank.
Komm, ich mach in meinem Blick Dir Platz,
wie auf einer Bank,
rutsche zur Seite, klopf mit der Hand auf das Holz neben mir
und mein Bankgeheimnis verrate ich Dir!

Strophe 2: Schwächen

Du sagst, Deine Schwächen soll keiner bei Tageslicht sehn,
doch sie gehören zu Dir, ohne sie wärst Du nicht Du.
Deine Stärken und Schwächen machen Dich schön!
Oh bitte, hör mir ganz genau zu:

Stärken und Schwächen sind miteinander verwebt,
es nützt nichts, wenn Du Dich verstellst.
Wer immer nur seine starke Seite auslebt
der verrät sich am Ende selbst.

Nicht alles, was Du als Schwäche ansiehst,
muss überhaupt eine sein!
Und jede Schwäche, die Du zugibst,
macht Dich auf keinen Fall klein!

Auch wenn Du Dich mit Deinen Gedanken noch quälst,
glaub mir, ich weiß das genau!
Gerade dann, wenn Du von Deinen Schwächen erzählst
bist Du eine unglaublich starke Frau!

Und jeder Mensch hat Schwächen!
Komm und hör mir zu:
Falls das zwischen den Zeilen nicht durchgeklungen ist:
Meine größte Schwäche bist Du!

Ich mein, wenn Du von IHM sprichst
und wie Du IHN küsst...

...macht mich das einen Moment lang wütend und traurig.
Warum denn ER?? Und warum nicht ich???
Doch die Stimme in mir sagt:
Los, trau Dich!

Wer an Deinen schönsten Tagen nicht bei Dir ist,
der hat Dich wohl nie so wie ich vermisst.
Ich mein, warum ist ER denn jetzt nicht hier??
Vielleicht ist die Antwort: ICH gehöre zu Dir...

Ich will Dir was Schönes sagen,
immer wenn Du was Schönes brauchst.
Ich fang damit heute an
und ich hör nie wieder auf.

Ich geb Dir alle meine Worte!
Nimm sie Dir wie eine Jacke aus dem Schrank.
Komm, ich mach in meinem Blick Dir Platz,
wie auf einer Bank,
rutsche zur Seite, klopf mit der Hand auf das Holz neben mir
und mein Bankgeheimnis verrate ich Dir!

Strophe 3: Zweifel

Du sagst, bekämst Du für jeden Zweifel etwas Geld
wärst Du gewiss der reichste Mensch der Welt.
Was Du auf jeden Fall bist, das ist gedankenreich.
Weißt Du, mir gefällt der folgende Vergleich:

Zweifel sind wie Späne beim Gedankenhobeln,
sie gehören dazu wie die Eins beim Knobeln.
In jedem siebten Gedanken-Ei
ist auch ein Zweifel mit dabei.

Und jeder Mensch hat Zweifel!
Komm, ich erzähl Dir einen von mir:
„Ich nerve sie ja doch nur"
denk ich oft in Bezug zu Dir.

„Du liebst mich ja doch nicht"
blitzt als Gedanke in mir auf.
„Du liebst mich ja NOCH nicht"
korrigier ich mich darauf.

„Du liebst mich ja doch noch"
gefällt mir noch mehr.
Ein einziges Wort macht aus dem Zweifel Hoffnung,
darüber staune ich sehr.

Wenn jemand ohne Zweifel ist,
so ist er zweifellos nicht zu beneiden,
denn nach meiner Erfahrung ist
sein Gedankengut dann insgesamt eher bescheiden.

Wenn jemand soviel denkt wie Du,
dann gehören Zweifel automatisch dazu!
Zweifel sind Findungsprozesse – ich finde Deine Zweifel schön,
oh ich wünschte, Du könntest Dich mit meinen Augen sehn:

Ich sehe Dich, mit der Saudade in Deiner Brust,
edelmütig, stark und schön, und ich habe Lust
Dir all Deine Zweifel jetzt wegzuküssen...
(Wofür wir uns wohl besser kennen müssen...)

Und wär ich nicht längst schon ein stiller Poet,
für Dich würde ich einer werden,
denn ohne Zweifel bist Du mir
der liebste Mensch auf Erden!

Ich will Dir was Schönes sagen,
immer wenn Du was Schönes brauchst.
Ich fang damit heute an
und ich hör nie wieder auf.

Ich geb Dir alle meine Worte!
Nimm sie Dir wie eine Jacke aus dem Schrank.
Komm, ich mach in meinem Blick Dir Platz,
wie auf einer Bank,

rutsche zur Seite, klopf mit der Hand auf das Holz neben mir
und mein Bankgeheimnis verrate ich Dir!

Strophe 4: Mankos

Du sagst, Du siehst Dich mit seinen Augen
voller Mankos und bezweifelst,
dass Du eine starke Frau bist.
Welches Manko? Dass Du nicht modelst??

Ganz ehrlich!? Was ist das für ein Idiot??
Du voller Mankos? Ich lache mich tot!
Magst Du für einen Blick in meine Augen sehen?
Dort bist Du edelmütig, stark und schön!

Nähe ist doch dann am Schönsten,
wenn beide daran wachsen und
Kraft und schöne Gedanken tanken.
Nähe, die klein macht, ist ungesund.

Doch auf jedes junge Unglück
folgt auch stets ein junges Glück!
Schon bald denkst Du mit einem Lächeln
an die Zeit und die Narbe zurück.

Komm, ich sage Dir, wie schön Du bist,
warum mein Blick so gern in Dir versinkt.
Die ungeschminkte Wahrheit ist:
Ich liebe Dich auch ungeschminkt.

Wenn der Lack ab ist und Deine Haare zerzaust
wünsch ich mir, dass Du in meine Augen schaust.
Meine Augen werden nie ein Manko an Dir sehn,
sondern die Frau, die ich liebe, so unglaublich schön!

Und ich geb Dir mein Versprechen:
Ich würde Dein Herz niemals brechen!
Sondern sanft streicheln und küssen,
Du wirst es nicht krampfhaft schützen müssen.

Du musst keins Deiner Gefühle vor mir verstecken,
dein Herz hat den Platz sich zu strecken und recken,
damit Licht ins Dunkel kommt, ich würde Liebeslieder singen
und so vielleicht Dich und Dein Herz zum Strahlen bringen.

Ich will Dir was Schönes sagen,
immer wenn Du was Schönes brauchst.
Ich fang damit heute an
und ich hör nie wieder auf.

Ich geb Dir alle meine Worte!
Doch, wie sag ich Dir das bloß?
Auch wenn Du nie ohne Zweifel bist
bist Du doch zweifellos mankolos.

Wer in Dir auch nur ein Manko sieht,
der hat Dich nie so gesehen wie ich!
Denn das Einzige was Dir fehlt bin
Ich liebe Dich!

Dancing Without Matt

Heute nehme ich mir die Zeit, um im Jetzt zu leben...
Was gibt es Schöneres als einen glücklichen Moment? Höchstens vielleicht zwei glückliche Momente
Wobei die Zeit ja eh nur ein Konstrukt des Menschen ist. Wie Samantha schon gesagt hat: Die Vergangenheit ist eine Geschichte, die wir uns selbst erzählen.
In diesem Sinne wünsche ich Euch eine schöne Zeit!

Zum dritten Advent

Liebe Leserin, lieber Leser,

ich wünsche Dir einen schönen dritten Advent!

Der Advent ist die Zeit des Wartens, der Besinnung und der Vorbereitung - für mich in diesem Jahr gleich im doppelten Sinne:

Zum einen ist da die Geburt von Jesus, dem Sohn Gottes, und manchmal stelle ich mir die Frage, was das Besondere an ihm ist, wo wir doch eigentlich alle Kinder Gottes sind? Viele der Wunder, die er laut den Überlieferungen vollbracht hat, könnten auch symbolisch gemeint sein, und dann ist er plötzlich ein ganz normaler Mensch aus Fleisch und Blut, so wie Du und ich.

Das Besondere für mich an ihm ist, dass ICH mich entschieden habe, ihn zum Vorbild zu nehmen, (auch) indem ich mich bekenne, Christ zu sein. Er ist natürlich nicht das einzige Vorbild in meinem Leben und ich bin keinesfalls ein "gläubiger Christ", der jeden Sonntag in die Kirche rennt und betet. Aber mir gefällt die Botschaft, die er vermittelt hat.

Die Gleichnisse von und über ihn vermitteln mir, dass es in Ordnung ist, manchmal zu zweifeln oder wütend zu sein, dass es aber wichtig ist, für die eigenen Überzeugungen einzustehen. Keine Ahnung, ob ich selbst so mutig wäre, dass ich mich dafür letztlich auch kreuzigen lassen würde...

Zum anderen habe ich mir dieses Jahr Weihnachten als Zeitpunkt gesetzt, um ein persönliches Ziel zu erreichen.

Am Donnerstag habe ich "Ask For The Moon" von der wundervollen Künstlerin RABEA zum ersten Mal gehört, und es hat mich sofort sehr berührt. Ich war deshalb sehr froh, es auf youtube wiederzufinden, so dass ich es am nächsten Morgen in der Straßenbahn wieder hören konnte...

"Gib mir ein leeres Blatt Papier und einen Pinsel und ich male Dir das schönste Bild, wie es sein könnte..."

Es gibt da dieses Bild, dass ich zwar nicht gemalt habe, es ist eher eine Art Collage, die ich gebastelt habe, dass mir sehr viel bedeutet und ich hier mit Euch teile.

"Weil ich immer nur im Kreis laufe [...] und dann letztlich wieder hier lande, wo ich angefangen hab."
Keine Ahnung, was ich tun kann, keine Ahnung, was richtig war und was falsch, keine Ahnung, was als nächstes kommt.
"Am I asking for the moon? Am I asking for the moon if I ask for YOU?"
Wahrscheinlich ist das so, dass ich Unmögliches verlange, dass ich nach den Sternen greife, wenn ich dieser Sehnsucht nachgebe - dieser tiefen Sehnsucht nach DIR.
Ich möchte aber nach den Sternen greifen - vor allem aber nach Deiner Hand.
Weihnachten ist die Zeit der Hoffnung, und so hoffe ich, dass ich auf dem richtigen Weg bin. Und solang ich Deine Hand noch nicht halte, genieße ich die wundervolle Musik.

In diesem Sinne wünsche ich Euch allen einen schönen dritten Advent!

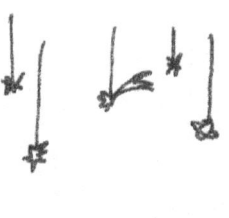

Ohne Limit

Die letzte Woche war sehr schön: Motivierend ohne Limits ging es los und endete mit super Stimmung und guter Laune in familiärer Stimmung.
Und doch, das allerschönste in der Woche war, von Dir zu lesen. Es war ein tolles Gefühl, dass ich mir keine Gedanken mehr machen muss. Trotzdem führte es dazu, dass ich mir noch viel mehr Gedanken gemacht habe, um Dich und Deine Gedanken. Das ist gut so, denn ich mag Dich sehr und ich liebe Deine Gedanken.

Aus der Reihe "Besuche der Woche", heute: Donnerstag.

Und wenn es passiert,
dass mich jemand so sehr berührt,

dass ich (freiwillig!) allein ins Museum gehe,
weil ich in dem Bild uns beide sehe.

Wenn um uns rum die ganze Welt verschwindet
und die Liebe alle Zweifel überwindet,

wenn ich Dich nur halb so tief berühre wie Du mich
und Du dann still wirst und glücklich.

Wenn ich so tagträume im Jetzt und im Hier -
dann am liebsten von Dir!

Hier und Jetzt

Wahrscheinlich hat Wembley Fraggle recht, wenn er singt: "Bin immer hier, weil hier ist wo ich bin. Denn wenn ich geh von hier nach dort, mein 'hier' geht mit, an jeden Ort. Dann ist dort hier, und hier ist wo ich bin."
Mag sein, dass das im ersten Moment nach Vorschulniveau klingt, und doch regt mich dieses Lied zum Nachdenken an. Darüber, wie paradox das doch ist: Egal, wie sehr ich mir wünsche, 'dort' zu sein und selbst wenn ich eines Tages den Weg dorthin finde, komme ich doch immer wieder nur 'hier' an. Darüber, wie sehr Sprache Wirklichkeit schafft, wie sehr die Dinge von der eigenen Perspektive abhängen und wie viele Dimensionen es wohl noch gibt, die sich uns Menschen noch nicht eröffnet haben.

Denn wie verhält es sich denn mit der Zeit?

Wahrscheinlich hat Samantha recht, wenn sie sagt: "Die Vergangenheit ist nur eine Geschichte, die wir uns selbst erzählen." Mal ehrlich, wer hat denn bitte noch nie Fehler oder Verwechslungen in den eigenen Erinnerungen gefunden? Und wie oft schon haben spätere Geschehnisse die Vergangenheit in einem ganz neuen Licht gezeigt?

Ich glaube, mit der Zeit verhält es sich genauso, wie mit dem "Hier". Egal, wie oft wir der Vergangenheit nachgrübeln, egal, wie oft wir uns Gedanken um die Zukunft machen, wirklich leben können wir immer nur im "Jetzt".

Wahrscheinlich hat Veit Lindau recht, wenn er sagt: "Vielleicht ist die Sehnsucht ein Signal aus einer bereits existenten Zukunft, die es gilt, in unser 'Jetzt' einzuladen." Mir jedenfalls gefällt dieser Gedanke sehr.

Ich habe Sehnsucht nach dem 'Jetzt', so wie es Julia Engelmann beschreibt: "Wir bauen uns ein Moonrise Kingdom, aus allen Dingen, die der Zufall findet. Wir bringen unser Geld zur Sandbank und dann springen wir zusammen den Strand lang. Vergiss mal die Zeit, vergiss mal Deinen Stress, ein Wimpernschlag reicht und alles hier wird echt!" Ich liebe diese Gedanken.

Wahrscheinlich hat RABEA recht, wenn sie sagt, dass es ja aber auch immer gute Gründe gibt, warum wir gerade 'here' sind und nicht irgendwo anders. Und so bin ich sehr dankbar dafür, dass ich vorgestern auf einem sehr schönen Konzert war, gestern bei super Stimmung einen lustigen Film sehen durfte und heute mit meinem Opa und meinen Eltern "Dog" spielen konnte.

Und jetzt? Jetzt drifte ich ab und träume mich dabei in die Arme der Frau, mit der ich diese wunderschöne Musik teilen will. :)

Mein Soundtrack zum Nachdenken:
Wembley Fraggle – Immer hier

Mein Soundtrack zum Text:
Julia Engelmann - Jetzt

Mein Soundtrack zum Träumen:
RABEA - Drifting Away

Mit Dir

Es ging los an diesem Abend,
hab Dich gesehen und gespürt,
dass Du mit Deinen Worten etwas
tief in mir berührst.

Es ist irgendetwas anders,
war mit ganzem Herzen hier.
Fünf Jahre ‚Asking For The Moon'
lagen hinter mir.

Für alles, was ich gelernt hab,
will ich mich gern für die Zeit bedanken!
Doch an besagtem Tag brachtest
Du meine Gefühle ins Wanken.

Ich kann nicht einmal erklären,
woran genau es lag.
Vielleicht an der Romantik
von diesem wundervollen Tag?

Oder an der grenzenlosen Liebe,
die Du permanent ausstrahlst?
Daran, wie wunderschön es ist,
wenn Du mit Tönen Bilder malst?

Seitdem ist schon wieder
etwas Zeit so schnell vergangen,
zwischendurch hab ich noch manchmal
alten Gefühlen nachgehangen.

Doch dann kam der Tag:
Ich habe Dich wiedergesehen.
Was soll ich sagen?
Es ist irgendwie um mich geschehen.

Ich sah Dich und Du sahst mich,
und, das fühle ich noch heut:
Über diese kurzen Augenblicke
hab ich mich wahnsinnig gefreut!

Keine Ahnung, ob ich noch so fühle
in einem Monat, einem Jahr.
Doch Du weckst die Musik in mir,
die fast eingeschlafen war.

„Vielleicht bist Du ja mein Zuhause
und ich war bisher nur verreist?"
Denke ich während jetzt gerade
jeder Gedanke um Dich kreist.

Wär es besser, wenn man sich
solche Gefühle für später aufspart?
Doch ich denke nunmal ständig
an Deine tolle, liebevolle Art.

Ich hoff, ich sehe Dich bald wieder!
Und dabei fühle ich mich heut
wie ein Kind, das sich so sehr
auf Weihnachten freut.

Ich will mich auch nicht wieder
hinter Träumen verschanzen.
Es ist bloß so:
Ich möchte gerne mit Dir tanzen!